Steuern leicht gemacht

D1726957

Claude Chatelain

Steuern leicht gemacht

Praktisches Handbuch für Angestellte,
Selbständige und Eigenheimbesitzer

Ein Ratgeber aus der Beobachter-Praxis

Der Autor

Claude Chatelain studierte Ökonomie in Bern. Während sieben Jahren verfasste er im «Blick» die Geldratgeber-Kolumne «Chatelain rät». Seit April 2008 ist er Wirtschaftsredaktor beim Beobachter.

Verlag und Autor danken Heini Lüthy, der den Ratgeber bis zur vierten Auflage federführend betreut hat. Ein weiterer Dank geht an Werner A. Räber, geschäftsführenden Partner der Steuerberatung Dr. Thomas Fischer & Partner in Baar, für das Fachlektorat sowie an Stefan Hunziker von der Five Informatik AG in Schönbühl für die Zahlentabellen und die kritische Durchsicht des Manuskripts.

Beobachter-Buchverlag
5., neu erarbeitete und aktualisierte Auflage 2009
© Axel Springer Schweiz AG
Alle Rechte vorbehalten
www.beobachter.ch

Herausgeber: Der Schweizerische Beobachter, Zürich
Lektorat: Käthi Zeugin
Cover: Krisztina Faller (Grafik), Luxwerk Candrian/Jaggi (Bild)
Satz: Bruno Bolliger

ISBN 978 3 85569 410 5

Mix
Produktgruppe aus vorbildlich
bewirtschafteten Wäldern, kontrollierten
Herkünften und Recyclingholz oder -fasern
www.fsc.org   Zert.-Nr. SGS-COC-003993
© 1996 Forest Stewardship Council
FSC

Inhalt

Vorwort 11

1. Ohne Steuern kein Staat 13

Warum der Staat Steuern einzieht 14
Die Schweiz – auch bei den Steuern ein Sonderfall 15
Dazu verwendet der Staat die Steuern 19

27 Steuersysteme 20
Ungleichheiten bereinigen 21
Degressive Steuern 23
Flat Rate Tax 24

Die direkten Steuern 26
Wer und was wird besteuert? 27

Die indirekten Steuern 29
Mehrwert- und andere Verbrauchssteuern 29
Indirekte Steuern im Vergleich 31
Lenkungsabgaben: Steuern mit Zusatzeffekt 32

2. Die Steuererklärung 35

Knacknuss Steuererklärung 36
Belege und Formulare 37
Internet und CD-ROM 37
Hilfe suchen und finden 40

Die Steuererklärung Schritt für Schritt 43
Die richtige Vorbereitung 43
Die einzelnen Felder 45
Lohnausweis, Wertschriftenverzeichnis und andere Beilagen 53

Die Berechnung der Steuern 56

Steuerperiode, Bemessungsperiode, Veranlagungsperiode 59

Tipps, um die Steuern tief zu halten 60

3. Zahlungsprobleme und Delikte 65

Steuereinschätzung und Einsprache 66
Die Steuererklärung wird abgeändert 67
Der Rechtsweg 68

Zahlungsschwierigkeiten bewältigen 69

Halb legal bis illegal 72
Steuerhinterziehung und Steuerbetrug 72
Steuerumgehung 74

4. Steuern für Lohnabhängige 77

Die verschiedenen Arten von Abzügen 78

Abzüge für Normalverdiener 79
Abzüge für Berufsauslagen 80
Allgemeine Abzüge 86
Sozialabzüge: für alle Steuerpflichtigen 89

Besondere Regeln für Bessergestellte und Kaderleute 91
Spesen und Sachleistungen: steuerfrei oder nicht? 92

Rentner, Studierende und tiefe Einkommen 94
Renten der AHV, der Kranken- und Unfallversicherung 94
Krankheits-, Unfall- und Heimkosten 96
Studierende und Stipendien 97

5. Steuern für Selbständige 99

Selbständigkeit hat Vor- und Nachteile 100
Selbständigkeit beweisen 100

Die saubere Buchhaltung **101**
Die Buchhaltung muss plausibel sein 104
AHV-Beiträge nicht vergessen 105

Steuern sparen dank Abzügen **106**
Abschreibungen bringen am meisten 107
Die Nutzung von Liegenschaften zu geschäftlichen Zwecken 109
Keine Fehler in der Steuererklärung 109

AG, GmbH oder was? – die verschiedenen Rechtsformen **110**
Kapital- oder Personengesellschaft, was ist besser? 111
Steuerfolgen bei der Geschäftsaufgabe 114
Unternehmenssteuerreform II 114

6. Steuern für Familien und Paare 117

Steuern und die gesellschaftliche Realität **118**
Splitting und andere neue Modelle 119
Abzüge für Verheiratete 122

Gemeinsame Steuerpflicht für Ehepaare **122**
Beide unterschreiben, beide haften 123

Steuern für Kinder **125**
Abzüge für Kinder 126
Alimente werden wie Einkommen besteuert 127

7. Steuern für das Eigenheim 129

Steuergesetze für Eigenheimbesitzer **130**
Die Liegenschaftssteuer 130
Die Handänderungssteuer 130
Die Grundstückgewinnsteuer 131
Weitere Kosten 133

Steuerfragen beim Kauf und Bau des Eigenheims **135**
Steuergünstiges Eigenkapital von der Pensionskasse 135

Finanzierung mit Guthaben der Säule 3a 138

Steuerfragen beim Bau 138

Das Bausparen 140

Steuerfragen bei der Nutzung 141

Der Eigenmietwert 141

Renovieren und Steuern sparen 146

Hypotheken steuergünstig zurückzahlen 154

Geschäfts- oder Privatvermögen? 155

Spezialfragen 157

Bevorzugt behandelte Handänderungen 157

Eigene Liegenschaften vermarkten: Vorsicht Steuerfalle 160

Erbschaft und Schenkung 161

Liegenschaften in anderen Kantonen 163

Ferienhäuser und Ferienwohnungen im Ausland 165

8. Steuereffekte mit Geldanlagen 167

Geldanlage und Steuern – ein heisses Thema 168

Geld anlegen heisst nicht Steuern sparen 168

Wichtig ist die Gesamtrendite 170

Kapitalgewinn und Kapitalertrag 171

Wichtige Grösse: der Grenzsteuersatz 176

Steuersparmöglichkeiten mit Geldanlagen 177

9. Steuerbegünstigte Altersvorsorge 181

Steuerspar-Thema Nummer 1 182

Die drei Säulen des schweizerischen Vorsorgesystems 182

Steuern beeinflussen mit der 2. Säule 185

Rente oder Kapital? 186

Einkauf spart Steuern 187

Säule 3a und 3b – die freiwillige Vorsorge 188
Steuerspareffekte mit der Säule 3a 189
Die verschiedenen Anlagemöglichkeiten im Rahmen der Säule 3a 190
Steuervorteil der Säule 3a – ein Fragezeichen 195
Steuerbegünstigung bei der Säule 3b 196
Wirrwarr bei Leibrenten 198

10. Erben und Steuern 203

Eine umstrittene Steuer 204

Erbschafts- und Schenkungssteuern 206
Wie hoch wird die Steuer? 206
Schenkungen und Erbvorbezug 207

Steuern sparen auf Erbschaften 210
Rechtzeitig weitergeben 210
Lebensversicherungen sind steuerbegünstigt 214
Das Erbrecht umgehen? 215

Anhang 217

Glossar 218
Sozialabzüge und Besteuerung von Kapitalauszahlungen 223
Nützliche Adressen und Links 230
So lesen Sie die Steuerrechnung 234
Grafiken und Tabellen 235
Stichwortverzeichnis 236

Vorwort

Wer hat noch nie die Steuerbehörde verwünscht! Da wird einem zugemutet, alle Jahre ein mehrseitiges Formular auszufüllen. Da wird mit Wörtern herumgeworfen, die man im täglichen Sprachgebrauch nie antrifft. Da sollten Zahlen eingesetzt werden, die man häufig nur mit Müh und Not ausfindig machen kann. Und wenn der Veranlagungsbeamte ein Jahr später zusätzliche Erklärungen verlangt, lässt sich nur noch schwer eruieren, wie sich die eingetragene Zahl für die Ausbildungskosten, die Kilometerentschädigung oder das auswärtige Essen zusammensetzt.

Lamentieren nützt nichts. Manche Mühsal kann vermeiden, wer einige Regeln befolgt. So sollten Sie nicht nur im Frühjahr, sondern das ganze Jahr über an die Steuererklärung denken. Alle Dokumente – wie Zinsgutschriften, Belege für Ausbildung oder Krankheitskosten – gehören ins Mäppchen «Steuern». Auch hier gilt: Gut vorbereitet ist halb erledigt.

Was, wenn beim Ausfüllen dann doch Fragen auftauchen? Wenn Sie unsicher sind, ob Sie wirklich an alles gedacht haben? Dann leistet dieser Ratgeber Schützenhilfe.

In der Schweiz existieren 27 Steuersysteme; 26 kantonale und eines vom Bund. Die persönlichen Abzüge, die Abzüge für die Kinder, die Abzüge für AHV-Rentner, die Pauschalbeträge für allgemeine Berufsauslagen, die Abzüge für den Unterhalt des Eigenheims, die Besteuerung von Kapitalauszahlungen aus der 2. Säule oder das Splitting bei Verheirateten sind von Kanton zu Kanton verschieden. Und sie ändern zum Teil jedes Jahr. In diesem Ratgeber finden Sie die für Ihren Kanton geltenden Tarife und Bestimmungen – ganz aktuell für die Steuererklärung 2009.

Claude Chatelain
Bolligen, im Januar 2009

Ohne Steuern kein Staat

Für die Bürgerinnen und Bürger bedeuten Steuern Geld, das ihnen nicht für den Konsum oder zum Sparen zur Verfügung steht. Doch der Staat finanziert damit die Leistungen, von denen wir alle profitieren: das Sozialwesen, die Bildung, die Infrastruktur, um nur ein paar zu nennen. Die Steuern sind die Einnahmen des Staates, ohne Steuern gäbe es keinen Staat, keinen Kanton, keine Gemeinde.

Warum der Staat Steuern einzieht

Steuern sind die wichtigste Einnahmequelle jeder Gemeinde, jeder Stadt, jedes Kantons, jedes Landes. Ohne Steuern könnten sie nicht funktionieren. Gleichzeitig sind dies die einzigen Institutionen, die Steuern erheben dürfen – mit ganz wenigen Ausnahmen, etwa den Kirchen.

Dass der Staat Steuern einzieht, lässt sich damit begründen, dass er im Gegenzug Leistungen für die Bürgerinnen und Bürger erbringt, indem er Schulen unterhält, Strassen und Eisenbahnlinien baut, mit Polizei und Armee die Menschen im Inneren und gegen aussen schützt und vieles mehr tut.

Allerdings haben die Steuern nicht nur den Zweck, dem Staat Einnahmen zu beschaffen. Sie können auch dazu dienen, ein bestimmtes Verhalten der Bürgerinnen und Bürger zu beeinflussen; in diesem Fall spricht man von Lenkungsabgaben. Beispiele sind etwa die Tabak- oder die Alkoholsteuer.

Wie wichtig Steuern sind, zeigt sich daran, dass sie in der Schweiz für Bund, Kantone und Gemeinden insgesamt fast drei Viertel aller Einnahmen ausmachen. Der Rest der Einnahmen stammt aus verschiedenen anderen Gebühren, von Passgebühren bis zu Museumseintritten, und aus Finanzgeschäften (also aus Zinsen auf dem Vermögen), beim Bund etwa aus den Dividendenerträgen der Swisscom-Beteiligung und den Gewinnen der Nationalbank.

Grundsätzlich werden zwei verschiedene Arten von Steuern unterschieden: die direkten und die indirekten. Direkte Steuern nehmen die Bürgerinnen und Bürger als solche wahr und zahlen sie direkt mit einer Steuerrechnung. Die indirekten Steuern sind im Preis einer Ware oder Dienstleistung enthalten; man zahlt sie also mehr oder weniger unbemerkt mit, wenn man etwas kauft. Indirekte Steuern werden deshalb auch als Verbrauchssteuern bezeichnet.

Die direkten Steuern sind grundsätzlich gerechter als die indirekten, da sie von der finanziellen Situation der besteuerten Person abhängen: Wer mehr verdient, zahlt auch mehr Einkommenssteuern. Die indirekten Steuern dagegen sind für alle gleich; der Bankdirektor zahlt auf einem Päckli Zigaretten gleich viel Tabaksteuer wie die Kassierin im Supermarkt.

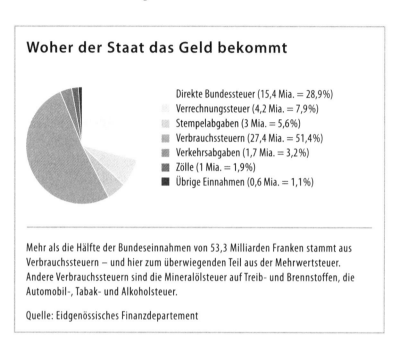

Woher der Staat das Geld bekommt

Direkte Bundessteuer (15,4 Mia. = 28,9%)
Verrechnungssteuer (4,2 Mia. = 7,9%)
Stempelabgaben (3 Mia. = 5,6%)
Verbrauchssteuern (27,4 Mia. = 51,4%)
Verkehrsabgaben (1,7 Mia. = 3,2%)
Zölle (1 Mia. = 1,9%)
Übrige Einnahmen (0,6 Mia. = 1,1%)

Mehr als die Hälfte der Bundeseinnahmen von 53,3 Milliarden Franken stammt aus Verbrauchssteuern – und hier zum überwiegenden Teil aus der Mehrwertsteuer. Andere Verbrauchssteuern sind die Mineralölsteuer auf Treib- und Brennstoffen, die Automobil-, Tabak- und Alkoholsteuer.

Quelle: Eidgenössisches Finanzdepartement

Die Schweiz – auch bei den Steuern ein Sonderfall

Das schweizerische Steuersystem zeichnet sich durch verschiedene Besonderheiten aus:

— Nicht weniger als vier Institutionen erheben Steuern: der Bund, die Kantone, die gut 2650 Gemeinden und die Kirchen.

— Die direkten Steuern machen den überwiegenden Anteil aller
Steuereinnahmen von Bund, Kantonen und Gemeinden aus,
nämlich über 76 Prozent. In den meisten anderen europäischen
Ländern ist der Anteil der direkten Steuern tiefer (Österreich
71 Prozent, Italien 68, Deutschland 71, Frankreich 71 Prozent).

— Schliesslich sind die direkten Steuern je nach Kanton und
Gemeinde sehr unterschiedlich hoch (siehe Tabelle Seite 22).
In den teuersten Gemeinden zahlt man mit dem gleichen
Einkommen bis zu viermal so viel wie in den billigsten.

Die Eigenheiten des schweizerischen Steuersystems hängen mit der
Geschichte unseres Landes und mit der speziellen politischen Struk-
tur zusammen. Am meisten fällt auf, dass die föderalistische Struk-
tur – also die Aufgliederung in die Ebenen Bund, Kantone und
Gemeinden – auch hier zu erkennen ist (siehe nebenstehende Zusammenstellung). Dadurch hat der Bund im Vergleich zu anderen
Staaten recht wenig Kompetenzen.

Und die Politiker achten peinlich darauf, dass dies auch so bleibt.
So steht beispielsweise in der Bundesverfassung genau geschrieben,
welche Steuern der **Bund** erheben darf; in Artikel 128 sind sogar die
Obergrenzen für die direkte Besteuerung in Prozent festgelegt (siehe
Seite 27). Alle anderen Steuern sind für die Eidgenossenschaft tabu,
es sei denn, die Bundesverfassung würde geändert. So kassiert der
Bund zum Beispiel keine Steuern auf dem Vermögen.

Den **Kantonen** dagegen ist erlaubt, alle Arten von Steuern einzu-
ziehen, die ihnen nicht in der Bundesverfassung «verboten» oder
dem Bund allein vorbehalten sind. Letzteres betrifft vor allem die
Mehrwertsteuer, aber auch Zölle. Ebenso sind die Kantone frei darin, wie hoch sie ihre Steuern festsetzen und für welche Zwecke und
Aufgaben sie sie verwenden wollen.

Die **Gemeinden** schliesslich dürfen diejenigen Steuern erheben,
die ihnen ihr Kanton erlaubt; das sind mit wenigen Ausnahmen die
gleichen wie bei den Kantonen.

Erhoben werden die Kantonssteuern (auch Staatssteuern genannt)
und die Gemeindesteuern von den Kantonen; verantwortlich für die

Bund, Kantone, Gemeinden: Wer kassiert was ein?

Direkte Steuern	Indirekte oder Verbrauchssteuern
Der Bund kassiert	
Einkommenssteuern (von Privatpersonen)	Mehrwertsteuer
	Alkohol- und Tabaksteuern
Gewinnsteuern (von Unternehmen)	Zölle
Verrechnungssteuern	Treibstoffsteuern
Wehrpflichtersatz	Autobahnvignette
Stempelsteuer	
Die Kantone kassieren	
Einkommens- und Vermögenssteuern (von Privatpersonen)	Motorfahrzeugsteuern
	Hundesteuern
Gewinn- und Kapitalsteuern (von Unternehmen)	Vergnügungssteuern
Kopf-, Personal- oder Haushaltsteuern	Stempelsteuern
Erbschafts- und Schenkungssteuern	Plakatsteuern
Grundstückgewinnsteuern	Andere, zum Beispiel Wasserwerksteuern
Liegenschaftssteuern	
Handänderungssteuern	
Lotteriegewinnsteuern	
Die Gemeinden kassieren	
Einkommens- und Vermögenssteuern (von Privatpersonen)	Hundesteuern
	Vergnügungssteuern
Gewinn- und Kapitalsteuern (von Unternehmen)	Andere, zum Beispiel Kurtaxen, Wasser-, Abwasser- und Kehrichtgebühren
Kopf-, Personal- oder Haushaltsteuern	
Erbschafts- und Schenkungssteuern	
Grundstückgewinnsteuern	
Liegenschaftssteuern	
Handänderungssteuern	
Lotteriegewinnsteuern	
Gewerbesteuern	
Die Kirchgemeinden kassieren	
Kirchensteuern (von Personen und teilweise auch von Unternehmen)	

Quelle: Eidgenössisches Finanzdepartement

Abwicklung – das Verschicken und Auswerten der Steuererklärung und das Einkassieren – sind aber die Gemeinden. Kantons- und Gemeindesteuer werden in den meisten Kantonen mit einer gemeinsamen Rechnung eingezogen und die Kirchensteuer wird dabei auch gleich mitkassiert. Die Bundessteuern werden von den Kantonen mit separater Rechnung erhoben; Basis ist aber dieselbe Steuererklärung wie für die Staats- und Gemeindesteuern.

Tiefe Steuern im internationalen Vergleich Auch wenn es jedes Mal schmerzt, Tausende von Franken an den Staat abliefern zu müssen: In der Schweiz zahlen wir im internationalen Vergleich relativ wenig Steuern. Eine Messgrösse dafür ist die Fiskalquote, das ist der prozentuale Anteil der Steuereinnahmen einschliesslich Sozialversicherungsbeiträge am Bruttoinlandprodukt. Die Schweizer Fiskalquote liegt bei knapp 30 Prozent und damit deutlich tiefer als im EU-Durchschnitt und auch in allen Nachbarländern (siehe Grafik).

Die Steuerbelastung im internationalen Vergleich

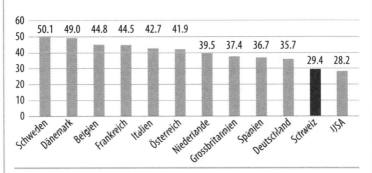

Anteil der Fiskalquote (Steuern und Sozialversicherungsabgaben) am Bruttoinlandprodukt: Dieser Massstab für die allgemeine Steuerbelastung in einem Land zeigt die Schweiz auf einem der «billigen» Plätze Europas; in den USA ist die Fiskalquote noch tiefer (Schätzung 2006).

Quelle: Eidgenössisches Finanzdepartement

Allerdings wird dies von einer Mehrheit der Schweizerinnen und Schweizer ganz anders wahrgenommen: In einer Umfrage im Auftrag des Eidgenössischen Finanzdepartements waren über 50 Prozent der Befragten der Meinung, in der Schweiz zahle man mehr Steuern als im EU-Durchschnitt oder mindestens gleich viel. In Wirklichkeit liegt die Fiskalquote im EU-Durchschnitt bei 40 Prozent – also wesentlich höher.

Generell zeigen sich in der Schweiz allerdings zwei gegenläufige Trends: Die direkten Steuern sind in den letzten Jahren gesunken. Hauptgründe dafür sind der politische Druck der bürgerlichen Parteien und der Steuerwettbewerb unter den Kantonen. Nicht weniger als 3,7 Milliarden Franken pro Jahr, berechnete die linke «Wochenzeitung», haben die Steuersenkungsprogramme der Kantone in den letzten 15 Jahren an Mindereinnahmen gebracht, das sind knapp 4 Prozent der gesamten Steuereinnahmen. Auf der andern Seite aber wurden die Gebühren und Abgaben erhöht, sowohl um sinkende Einnahmen aus den direkten Steuern zu kompensieren als auch um Kosten vermehrt auf die Verursacher zu überwälzen.

Dazu verwendet der Staat die Steuern

Wofür der Bund das Geld ausgibt, ist ihm im Wesentlichen durch die Bundesverfassung und die Gesetze vorgeschrieben. Diese kann das Volk entweder direkt über Abstimmungen oder indirekt durch die Wahl von Parlamentarierinnen und Parlamentariern beeinflussen. Im Finanzleitbild des Bundes werden die Ziele festgehalten, die der Staat mit dem Geld erreichen soll und will. Dazu zählen Stabilität, soziale Wohlfahrt, Bildung, Infrastruktur, Sicherheit, Standortqualität und der Ausgleich zwischen den Regionen.

Die grössten Posten in der Rechnung der öffentlichen Hand sind die Bildungs- und die Sozialausgaben, bereits deutlich dahinter die Ausgaben für Gesundheit und Verkehr. Die Landesverteidigung, die lange Zeit einen Löwenanteil der Bundesfinanzen beanspruchte, macht heute nur noch einen kleinen Teil aus. Innerhalb der letzten 40 Jahre ist ihr Anteil am Bundesbudget von 36 auf 3,4 Prozent gesunken – besser gesagt: Der Gesamtkuchen ist in den letzten Jahren und Jahrzehnten stark gewachsen und neue, teure Aufgaben haben einen immer grösseren Anteil davon beansprucht.

Wofür der Staat das Geld ausgibt

Allgemeine Verwaltung (6,4%)
Justiz, Polizei, Feuerwehr (5,8%)
Landesverteidigung (3,4%)
Bildung (19,6%)
Gesundheit (14,1%)
Soziale Wohlfahrt (20,7%)
Verkehr (10,2%)
Finanzen und Steuern (7,1%)
Übrige (12,7%)

Ausgabenstruktur von Bund, Kantonen und Gemeinden: Die Ausgaben für das Sozial- und das Bildungswesen machen zusammen über einen Drittel aus.

Quelle: Eidgenössisches Finanzdepartement, 2007

27 Steuersysteme

Es ist bekannt und ein altes Lied: Die Schweiz hat mit ihren 26 Kantonen und dem Bund 27 verschiedene Steuergesetze. Eine Folge davon sind massive Unterschiede in der Steuerbelastung je nach Wohnort. Wer Pech hat und in einer sehr teuren Gemeinde wohnt, zahlt bis zum Vierfachen gegenüber einem billigen Ort.

Besonders teure Kantone sind Neuenburg, Jura und Genf; am wenigsten Steuern zahlt man in den Innerschweizer Kantonen Zug, Nidwalden und Schwyz. Aber auch innerhalb der Kantone gibt es erhebliche Unterschiede von Gemeinde zu Gemeinde.

Ungleichheiten bereinigen

Ist noch einigermassen nachvollziehbar, dass Gemeinden im Jura – weit weg von den Wirtschaftszentren und mit grossen wirtschaftlichen Problemen – ihren Einwohnern und Unternehmen mehr abverlangen als attraktive Wohngebiete in der Nähe von Zürich, so erstaunt doch, wie gross die Unterschiede auch auf engstem Raum sein können: So zahlt eine Familie mit einem steuerbaren Einkommen von 60 000 Franken in der Gemeinde Wollerau 1289 Franken, in Gersau, ebenfalls im Kanton Schwyz, dagegen dreimal mehr, nämlich 4248 Franken.

Zwar hat das Bundesgesetz über die Steuerharmonisierung, das seit 1993 in Kraft ist, dafür gesorgt, dass die Unterschiede etwas kleiner geworden sind. Allerdings nur formell: So wird man heute in allen Kantonen nach der Gegenwartsmethode besteuert, das heisst, dass man für das laufende Jahr Steuern bezahlt.

Keine Chance hingegen hat bisher – und vermutlich noch auf längere Zeit – die Forderung nach einer sogenannten materiellen Steuerharmonisierung. Diese würde bedeuten, dass auch die Steueransätze und -tarife vereinheitlicht oder zumindest angeglichen würden und man in den verschiedenen Kantonen und Gemeinden ungefähr gleich viel bezahlen müsste. Dagegen wehren sich logischerweise die reichen Kantone sowie Politikerinnen und Politiker, die der Ansicht sind, eine solche materielle Steuerharmonisierung greife zu stark in die Finanzhoheit der Kantone ein.

Im Gegenteil, in jüngster Zeit wurde der Steuerwettbewerb unter den Kantonen sehr verschärft, der Rhythmus der Steuerreformen – sprich: Steuersenkungsprogramme – beschleunigt sich. Werden die Steuergesetze geändert, so werden in der Regel die Tarife für hohe Einkommen und Vermögen sowie für Unternehmen gesenkt in der Absicht, gute Steuerzahlerinnen und Steuerzahler in den Kanton zu locken und dadurch insgesamt mehr Steuern einzunehmen.

Einkommenssteuer in den Kantonen

Kanton	Bruttoeinkommen 80 000	Bruttoeinkommen 100 000	Bruttoeinkommen 150 000
AG	3 180	7 830	15 910
AI	3 360	7 520	14 500
AR	4 590	9 980	18 620
BE	4 940	10 580	19 950
BL	2 620	8 920	19 200
BS	1 690	9 240	19 680
FR	4 760	11 230	20 770
GE	4 750	12 260	24 020
GL	4 150	9 970	18 860
GR	1 570	6 610	15 330
JU	4 920	11 680	22 350
LU	3 330	7 980	16 010
NE	5 560	13 420	24 940
NW	3 930	8 710	16 050
OW	5 280	9 380	15 620
SG	4 830	10 740	20 410
SH	4 710	9 840	18 350
SO	4 680	10 780	20 310
SZ	2 030	5 490	11 430
TG	3 000	8 690	17 210
TI	780	4 250	13 220
UR	3 940	9 340	18 230
VD	7 090	12 510	20 780
VS	2 970	7 490	15 530
ZG	720	3 870	9 210
ZH	2 510	6 830	14 170

Steuerbelastung 2008 in den Kantonshauptorten (Bund, Kanton, Gemeinde und Kirch
gemeinde), auf 10 Franken gerundet

Annahmen:
– Ehepaar mit zwei Kindern; vom gemeinsamen Einkommen entfallen 30 000 Franken
  auf die Partnerin.
– Konfession: Mittelwert reformiert / römisch-katholisch
– Abzug für AHV/IV/EO/ALV: 6,05%, BVG-Abzug 5%

Quelle: TaxWare by Five Informatik

Degressive Steuern

Ein typisches Beispiel, wie Kantone betuchte Steuerzahler anzulocken versuchen, ist die degressive Steuer. Einer der Wegbereiter in dieser Sache war der Halbkanton Obwalden. 86 Prozent der Stimmbürgerinnen und Stimmbürger hatten im Dezember 2005 in einer Volksabstimmung dem degressiven Einkommensteuersatz zugestimmt: Der Steuersatz sollte sinken ab einem Einkommen von 300 000 Franken und einem Vermögen von 5 Millionen Franken. Die einfache Steuer auf einem Einkommen von 300 000 Franken wäre bei durchschnittlich 2,23 Prozent gelegen, bei einem Einkommen von 600 000 Franken dagegen nur noch bei 1,75 Prozent. Je reicher eine Person, desto kleiner also der Anteil, den sie dem Fiskus hätte abliefern müssen.

Trotz des deutlichen Volksentscheids zugunsten dieser degressiven Besteuerung regte sich Widerstand. Allerdings nicht aus den eigenen Reihen, sondern von linken Politikern aus der ganzen Schweiz. Sie zogen den Volksentscheid mit staatsrechtlicher Beschwerde vors Bundesgericht und bekamen Recht. Die obersten Richter befanden, degressive Steuersätze verstiessen gegen das verfassungsmässige Prinzip der Besteuerung nach der wirtschaftlichen Leistungsfähigkeit.

Schon zwei Jahre vor Obwalden hatte Schaffhausen einen degressiven Steuertarif eingeführt, nur nahm die übrige Schweiz davon nicht gross Kenntnis und es formierte sich keine Opposition. Schaffhausen besteuerte Einkommen ab 500 000 Franken mit einem degressiven Tarif. Bereits im ersten Jahr der neuen Regelung hatten Zuzüger die Steuerausfälle von 400 000 Franken überkompensiert und es resultierte ein Überschuss von 200 000 Franken. Ob ein direkter Zusammenhang zwischen Steuererleichterung und Zuzügen bestand, konnte das kantonale Finanzdepartement jedoch nicht sagen.

Flat Rate Tax

Da das Bundesgericht den degressiven Steuersatz als verfassungswidrig erklärte, haben Schaffhausen und Obwalden in der Zwischenzeit die Flat Rate Tax eingeführt. Dieses Modell kennt in der strengen Form nur einen einzigen Steuersatz – unabhängig vom Einkommen. Freilich sind bei der Flat Rate Tax weiterhin diverse Abzugsmöglichkeiten vorgesehen. Dies im Unterschied zur klassischen Flat Tax, die praktisch keine Abzüge mehr vorsieht und daher eine starke Vereinfachung des Steuersystems beinhaltet.

In **Obwalden** beträgt der einfache Einheitssteuersatz der Flat Rate Tax 1,8 Prozent. Zudem gibt es einen Freibetrag von 10 000 Franken, den alle Steuerpflichtige vom Einkommen abziehen können. Damit werden die unteren Einkommen prozentual stark entlastet, stärker als hohe Einkommen. Der einfache Steuersatz von 1,8 Prozent wird mit dem Steuerfuss von Kanton, Gemeinde und Kirche multipliziert und das ergibt zum Beispiel für römisch-katholische Steuerzahler aus dem Hauptort Sarnen einen Einheitssatz von 13,59 Prozent.

Schaffhausen führte eine moderatere Form der Flat Rate Tax ein: Einkommen bis 200 000 Franken werden progressiv besteuert. Erst für Einkommensteile ab 200 000 Franken bleibt der Steuersatz einheitlich bei 9,9 Prozent.

Eine bedingte Form der Flat Rate Tax kennt **Basel-Stadt**. Der Halbkanton führte einen Doppeltarif ein, bestehend aus zwei Einkommensstufen. Für Alleinstehende mit einem Einkommen bis 200 000 Franken beträgt der Einheitssatz 23,5 Prozent, für Einkommensteile über dieser Grenze einheitlich 26 Prozent. Ehepaare und Alleinerziehende haben bis zu einem Einkommen von 400 000 Franken den einheitlichen Satz von 23,5 Prozent. Gleichzeitig wurden in Basel-Stadt die Abzüge massiv erhöht.

Ab der Bemessungsperiode 2009 gilt auch im Kanton Uri eine Flat Rate Tax mit hohen Steuerfreibeträgen. In dieselbe Richtung geht zudem die Easy Swiss Tax, ein Modell mit nur zwei bis drei Steuersätzen, das die FDP vorschlägt.

Flat Tax für die ganze Schweiz? Mittlerweile gibt es an mehreren politischen Fronten Bestrebungen, für die gesamte Schweiz die klassische Flat Tax einzuführen oder zumindest das Steuersystem zu vereinfachen. Eine Standesinitiative des Kantons Solothurn verlangt die Einführung einer Einheitssteuer mit ein bis drei Tarifstufen und höchstens ein bis drei Abzugsmöglichkeiten. Der Kanton Aargau will ebenfalls mit einer Standesinitiative die Einheitssteuer einführen. Der Ständerat hatte den beiden Initiativen im Oktober 2007 keine Folge geleistet. Ganz anders der Nationalrat, der im Dezember 2007 beschloss, diese beiden Standesinitiativen zu unterstützten. Doch die Kommission für Wirtschaft und Abgaben (WAK) des Ständerats befand im September 2008, die kantonale Initiative sei nicht das richtige parlamentarische Instrument. Eine Motion wäre adäquater, weil damit der Bundesrat beauftragt würde, die komplizierte Reform zu führen.

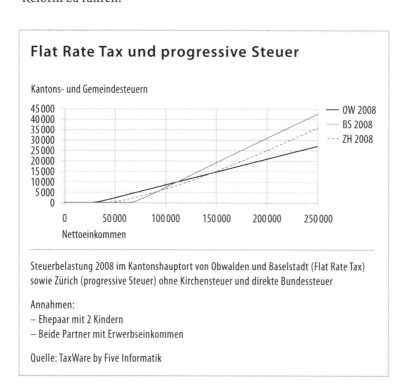

Flat Rate Tax und progressive Steuer

Kantons- und Gemeindesteuern

— OW 2008
---- BS 2008
--- ZH 2008

Nettoeinkommen

Steuerbelastung 2008 im Kantonshauptort von Obwalden und Baselstadt (Flat Rate Tax) sowie Zürich (progressive Steuer) ohne Kirchensteuer und direkte Bundessteuer

Annahmen:
– Ehepaar mit 2 Kindern
– Beide Partner mit Erwerbseinkommen

Quelle: TaxWare by Five Informatik

Die direkten Steuern

Auf über 76 Milliarden Franken beläuft sich der Ertrag der direkten Steuern, das ist fast die Hälfte der gesamten Einnahmen von Bund, Kantonen und Gemeinden.

Für die Kantone und Gemeinden sind die direkten Steuern die wichtigste Einnahmequelle. Am bedeutsamsten für Bund, Kantone und Gemeinden, aber auch für Sie als Steuerpflichtige sind die Einkom-

Bundessteuer, eine junge Geschichte

Steuerföderalismus wird in der Schweiz grossgeschrieben, die Kantone und auch die Gemeinden haben sehr viel zu den Steuern zu sagen. Vor gar nicht so langer Zeit war das noch viel stärker der Fall: Bis zum Ersten Weltkrieg erhob der Bund überhaupt keine Steuern, sondern musste allein mit den Zöllen auskommen. Während des Ersten Weltkriegs kassierte er mit der «Kriegssteuer» erstmals eine direkte Steuer, in den Zwanzigerjahren folgte eine «neue, ausserordentliche Kriegssteuer», von 1934 bis 1940 eine «Krisenabgabe» und ab 1941 die «Wehrsteuer», welche seither ununterbrochen bestehen blieb. Auf die Veranlagungsperiode 1983/84 hin wurde sie in «direkte Bundessteuer» umbenannt, doch der Begriff Wehrsteuer ist älteren Schweizerinnen und Schweizern noch immer geläufig.

Die verfassungsmässige Grundlage dafür, dass der Bund die direkte Bundessteuer erheben darf, wurde allerdings erst mit einer Volksabstimmung im Jahr 1985 geschaffen. Und ein weiteres Kuriosum: Die Befugnis des Bundes, diese Steuer – wie übrigens auch die Mehrwertsteuer – zu erheben, ist immer zeitlich befristet, der Termin ist in der Bundesverfassung festgeschrieben. Mit der Annahme der Neuen Finanzordnung im November 2004 läuft die «Bewilligung» jetzt wieder bis 2020. Nicht auszudenken, was ein Nein bedeutet hätte, da die beiden Steuern zusammen rund 60 Prozent der Bundeseinnahmen bringen.

mens- und Vermögenssteuern bzw. für Unternehmen die Gewinn- und Kapitalsteuern. Zwei Eigenschaften zeichnen die direkten Steuern aus:

— Sie werden, wie es der Name sagt, von einer Person oder einem Unternehmen direkt an die zuständige Steuerbehörde bezahlt.

— Sie sind in der Regel progressiv ausgestaltet. Das heisst, für ein höheres Einkommen oder Vermögen zahlt man prozentual mehr Steuern als für ein tieferes. Allerdings geht diese Progression nicht unendlich weiter; die Kurve flacht im oberen Bereich wieder ab. Bei der direkten Bundessteuer sind 11,5 Prozent das Maximum für Privatpersonen. Dieser Satz ist in der Bundesverfassung festgehalten. Verheiratete erreichen den Satz mit einem jährlichen Einkommen von 843 600 Franken. Ehepaare, die so viel verdienen, zahlen 97 750 Franken Steuern; verdienen sie das Zehnfache davon, zahlen sie zehnmal so viel. In den Kantonen ist dies – mit unterschiedlichen Sätzen und Einkommensgrenzen allerdings – ebenso geregelt.

Wer und was wird besteuert?

Direkte Steuern bezahlen natürliche Personen (Privatpersonen) auf dem **Einkommen** und auf dem **Vermögen**, juristische Personen (Firmen) auf dem Gewinn und dem Kapital. Steuerpflichtig sind Personen, die in der Schweiz wohnen, und Firmen, die hier ihren Sitz haben, sowie ausländische Personen und Firmen, die in der Schweiz Besitz haben (beispielsweise Land oder einen Betrieb).

Weitere direkte Steuern sind **Erbschafts-, Grundstückgewinn- oder Lotteriesteuern**. Sie werden nur von den Kantonen erhoben. Alle diese Steuern schöpfen einen Teil des Vermögenszuwachses ab, den jemand mit solchen ausserordentlichen Ereignissen erzielt. Die Erbschaftssteuer ist allerdings eine der umstrittensten Abgaben in der Schweiz. Zwar sind Erbschaften nur im Kanton Schwyz grundsätzlich steuerfrei, doch in den meisten anderen Kantonen müssen zumindest die Ehepartner und direkten Nachkommen ebenfalls keine Erbschaftssteuern mehr bezahlen, womit ein grosser Teil der Erbschaften tatsächlich steuerfrei weitergegeben werden kann (mehr dazu in Kapitel 10, Seite 203).

Ebenfalls zu den direkten Steuern gehört der **Wehrpflichtersatz**, früher Militärpflichtersatz genannt. Diese Steuer müssen diejenigen Schweizer Bürger im Alter von 20 bis 30 Jahren zahlen, die militär- oder zivildienstpflichtig sind, aber im betreffenden Steuerjahr keinen oder nicht den ganzen Dienst leisteten.

Und schliesslich erheben einige Kantone (Genf, Luzern, Nidwalden, Schaffhausen, Solothurn, Tessin, Uri, Wallis und Zürich) von allen volljährigen oder erwerbstätigen Personen die sogenannte **Personalsteuer**. In anderen Kantonen (Freiburg, Graubünden und Waadt) dürfen die Gemeinden diese Steuer erheben, müssen aber nicht. Die Personalsteuer hat einen fixen Satz für alle und beträgt einige zehn Franken.

Besteuerung nach Aufwand und Quellensteuer Nicht alle in der Schweiz wohnenden Personen bezahlen die direkten Steuern nach ihrem wirklichen Einkommen. Ausländerinnen und Ausländer, die in der Schweiz keine Erwerbstätigkeit ausüben, können stattdessen eine «Steuer nach dem Aufwand» entrichten. Das heisst, als Massstab für die Berechnung wird der Betrag genommen, den eine Person oder Familie in der Schweiz für die Lebenshaltungskosten ausgibt, und dieser wird gewissermassen als fiktives Einkommen mit dem normalen Steuertarif belastet. Damit ist es möglich – und kommt auch gar nicht selten vor –, dass jemand im Ausland ein florierendes Milliardenunternehmen besitzt, in der Schweiz aber gleich viel bezahlt wie irgendein normaler Bürger.

Auch muss nicht jedermann eine Steuererklärung ausfüllen: Ausländerinnen und Ausländer ohne Niederlassungsbewilligung entrichten in der Regel die sogenannte Quellensteuer. Dabei zieht der Arbeitgeber die Steuern direkt vom Lohn ab und überweist sie an die Behörden, und zwar gleich den Gesamtbetrag für Bund, Kanton, Gemeinde und allenfalls Kirche.

Die indirekten Steuern

Der Name sagt es schon: Die indirekten Steuern – auch Aufwands-, Besitzes- oder Verbrauchssteuern genannt – sind weniger spürbar. Zwar sind die Mehrwertsteuerbeträge auf vielen Belegen aufgedruckt; doch das interessiert wohl die wenigsten Leute.

Mehrwert- und andere Verbrauchssteuern

Grundsätzlich wird die Mehrwertsteuer auf (praktisch) jedem Produkt und auf jeder Dienstleistung dazugeschlagen. Denn der Verkäufer des Produkts oder der Erbringer der Dienstleistung muss auf seinem Umsatz einen Prozentsatz als Mehrwertsteuer an die Eidgenössische Steuerverwaltung abliefern, und diesen Prozentsatz kassiert er in winzigen Portionen von seiner Kundschaft ein.

Mit jedem Kilo Kartoffeln, mit jeder Zeitung, mit jedem Essen im Restaurant, mit jedem Haarschnitt beim Coiffeur zahlen wir also ein paar Franken oder mindestens Rappen an Steuern mit. Für die meisten Waren und Dienstleistungen sind das 7,6 Prozent; einige Bereiche werden weniger stark belastet: zum Beispiel Lebensmittel und Getränke, Medikamente, Zeitungen mit 2,4 Prozent oder Hotelübernachtungen mit 3,6 Prozent. Von der Mehrwertsteuer befreit sind neben Waren und Dienstleistungen, die exportiert bzw. im Ausland erbracht werden, folgende Gebiete:

— Leistungen im Bereich des Gesundheitswesens,
   der Sozialfürsorge, der sozialen Sicherheit

— Leistungen der Erziehung, des Unterrichts sowie
   der Kinder- und Jugendbetreuung

— Kulturelle Leistungen

— Umsätze im Bereich des Geld- und Kapitalverkehrs
   (mit Ausnahmen) und des Versicherungsgeschäfts

— Gewisse Wetten, Lotterien und sonstige Glücksspiele

— Lieferungen von inländischen amtlichen Wertzeichen
wie Briefmarken

Interessant ist, wie die Mehrwertsteuer erhoben und bezahlt wird. Der Name sagt ziemlich genau, was besteuert wird: der Mehrwert, den jemand für ein Produkt oder eine Dienstleistung schafft, und nur dieser. Damit das auch wirklich so funktioniert, darf ein Unternehmer die vorher bezahlten Steuern, die sogenannten Vorsteuern, von seiner Mehrwertsteuerleistung abziehen. Ein Beispiel:

 Frau H. zahlt Malermeister F. für seine Arbeiten 12 912 Franken, Mehrwertsteuer inklusive. Die eidgenössische Steuerverwaltung kassiert von diesem Betrag 7,6 Prozent oder 912 Franken, allerdings nicht auf einmal, sondern in Portionen (siehe Kasten).

Allerdings ist die konkrete Ausgestaltung recht kompliziert geregelt. Ein Beispiel sind die unterschiedlichen Sätze für Essen im Restaurant und den Verkauf über die Gasse. So muss ein Wirt einem Gast, der sein Bier im Lokal trinkt, einen anderen Satz verrechnen, als wenn derselbe Gast das Getränk in der Flasche kauft und mitnimmt – was natürlich in der Praxis kaum durchführbar ist. Nun soll die Mehrwertsteuer vereinfacht werden. Der Bundesrat hat im Juni 2008 eine Botschaft zur Mehrwertsteuerreform verabschiedet. Darin beantragt er einen einheitlichen Steuersatz von 6,1 Prozent und die Abschaffung von möglichst vielen Steuerausnahmen, namentlich auch im Gesundheits- und Sozialwesen.

Weitere Verbrauchssteuern Neben der Mehrwertsteuer gibt es viele weitere indirekte Abgaben. So zahlen wir auf jedem Liter Benzin, den wir tanken, mehr als 70 Rappen Steuern. Beim Kauf von alkoholischen Getränken zahlen wir pro Liter – umgerechnet auf 100 Prozent reinen Alkohol – 29 Franken; für eine 7-Deziliter-Flasche Whisky oder Cognac mit 40 Prozent macht die Steuer also rund

Art der Leistung	Wert der Leistung	MWST 7,6%	Vorsteuer-abzug	Abzu-liefernde MWST
Die Chemia GmbH importiert Chemikalien.	Fr. 1000.00	Fr. 76.00	–.–	Fr. 76.00
Die Chemia GmbH verkauft die Chemikalien für Fr. 1200.– an die Regenbogen AG.	Fr. 1200.00	Fr. 91.20	Fr. 76.00	Fr. 15.20
Die Regenbogen AG stellt daraus Farben her, die sie für Fr. 2000.– an Maler F. verkauft.	Fr. 2000.00	Fr. 152.00	Fr. 91.20	Fr. 60.80
Maler F. führt für seine Kundin H. Malerarbeiten aus und stellt dafür Fr. 12 000.– in Rechnung.	Fr. 12 000.00	Fr. 912.00	Fr. 152.00	Fr. 760.00
Frau H. bezahlt Maler F. die Rechnung für die ausgeführten Malerarbeiten.	Fr. 12 912.00	–.–	–.–	–.–
Total überwiesene MWST aus der ganzen Umsatzkette				Fr. 912.00

8 Franken aus. Die Alkoholsteuer füllt nicht nur die Bundeskasse, sondern ist auch eine Lenkungsabgabe (siehe Seite 32).

Auch diese Steuern läppern sich schweizweit zu einer stattlichen Summe zusammen; aus ihnen gewinnt der Bund weitere rund 15 Prozent seiner Einnahmen. Allein aus den Benzinabgaben sind es rund 5 Milliarden Franken pro Jahr.

Indirekte Steuern im Vergleich

Wäre die Schweiz in der EU, müssten wir bei der Mehrwertsteuer einen Normalsatz von 15 Prozent bezahlen, also doppelt so viel wie heute. Dies wird denn auch als Argument gegen einen EU-Beitritt ins Feld geführt. Allerdings ist es sehr wahrscheinlich bis sicher, dass die Schweizer Mehrwertsteuer auch ohne EU-Beitritt in Zukunft angehoben werden muss – wie dies übrigens seit ihrer Einführung bereits mehrmals geschehen ist.

Wie bei den direkten Steuern kommt die Schweiz auch hier im internationalen Vergleich eher billig weg. Laut einer Untersuchung der OECD zahlen die Bewohnerinnen und Bewohner der skandinavischen Länder Dänemark, Norwegen und Finnland insgesamt 8 bis 10 Prozent an indirekten Steuern (gemessen am Bruttoinlandprodukt); in Deutschland, Österreich und Grossbritannien sind es 6 bis 8 Prozent, in der Schweiz dagegen nur 4 Prozent. Tiefer liegen die USA und Japan mit etwas mehr als 2 Prozent.

Doch auch wenn der Schweizer Mehrwertsteuersatz im internationalen Vergleich eher tief liegt, für den Bund ist diese Steuer die wichtigste Einnahmequelle überhaupt: Von den Gesamteinnahmen von 60 Milliarden Franken im Voranschlag 2009 stammen 21,2 Milliarden aus dieser Quelle, also mehr als ein Drittel.

Lenkungsabgaben: Steuern mit Zusatzeffekt

Verbrauchssteuern haben nicht allein den Zweck, Einnahmen für Bund, Kantone und Gemeinden zu bringen. Einige dieser Abgaben sollen auch dazu dienen, das Verhalten der Bevölkerung zu beeinflussen; deshalb werden sie als Lenkungsabgaben bezeichnet.

Bekanntes Beispiel ist die Steuer auf hochprozentigen alkoholischen Getränken. Bis vor einigen Jahren war sie in der Schweiz, verglichen mit dem Ausland, sehr hoch. Gerade an diesem Beispiel lässt sich eindrücklich belegen, dass solche Lenkungsabgaben durchaus Wirkung haben können. Nachdem die Steuer auf importierte gebrannte Wasser im Jahr 1999 dem europäischen Niveau angepasst und massiv gesenkt worden war, kosteten Schnäpse wie Whisky, Cognac, Gin auf einmal nicht mehr vierzig bis fünfzig Franken, sondern nur noch etwas mehr als die Hälfte. Mit der Folge, dass der Konsum danach um 10 Prozent anstieg, unter den jungen Männern zwischen 15 und 30 Jahren nach Angaben des Blauen Kreuzes sogar um über 50 Prozent.

In den letzten Jahren wurden vor allem im Umweltbereich Lenkungsabgaben eingeführt mit dem Ziel, die übermässige Nutzung von natürlichen Ressourcen zu verteuern und ökologisches Verhalten zu belohnen.

So werden seit dem Jahr 2000 die sogenannten flüchtigen organischen Verbindungen zusätzlich mit einer Abgabe belastet. Diese Schadstoffe – sie kommen in Lösungsmitteln und Farben vor – tragen wesentlich zur Bildung des Sommersmogs bei. Bereits seit 1998 wird Heizöl extraleicht, das beim Verbrennen umweltschädlichen Schwefel freisetzt, zusätzlich besteuert. Als diese Abgaben seinerzeit beschlossen wurden, geschah das unter der klaren Auflage, dass damit nicht einfach neue Steuern erhoben werden dürften, sondern dass der Ertrag der Bevölkerung vollständig wieder zurückerstattet werden müsse.

Seit 2003 werden die angesammelten Gelder wieder an die Bevölkerung ausgezahlt; pro Person und Jahr sind es rund 20 Franken. Dies geschieht über die Krankenkasse, die Überlegung dahinter: Die Krankengrundversicherung ist für alle obligatorisch, die Versicherer pflegen mit ihren Mitgliedern ohnehin einen regelmässigen Zahlungsverkehr und verfügen – ganz wichtig – über aktuelle, verlässliche Adressen. Damit dürfte dieser Weg einer der einfachsten sein, um das Geld an die Bevölkerung auszuzahlen.

Im März 2007 hat der Nationalrat beschlossen, zusätzlich eine CO_2-Abgabe auf Brennstoffen einzuführen. Vorgesehen ist eine dreistufige Einführung, falls die für die CO_2-Emissionen gesteckten Reduktionsziele nicht erreicht werden. Damit nicht genug: Nach den Vorstellungen von Umwelt- und Energieminister Moritz Leuenberger sollte die CO_2-Abgabe auf alle Gase erweitert werden, die das Klima beeinträchtigen. Der Effekt: Wer umweltbelastende Produkte verbraucht, bezahlt dafür. Und die ganze Bevölkerung profitiert von der Rückzahlung, völlig gleichmässig. Ob diese Massnahme tatsächlich zu einem tieferen Verbrauch der besteuerten Schadstoffe führt und wenn ja, in welchem Mass, bleibt allerdings abzuwarten.

Die Steuererklärung

Das Ausfüllen der Steuererklärung gehört nicht gerade zu den Sonntagsbeschäftigungen, auf die man sich seit Wochen freut. Doch gut vorbereitet ist halb erledigt. Hat man unter dem Jahr all die Belege und Unterlagen schön im Dossier «Steuern» abgelegt, ist das Ausfüllen der Steuererklärung nur noch halb so wild. Vor allem, wenn man die elektronische Datenverarbeitung zu Hilfe nimmt.

Knacknuss Steuererklärung

Am Anfang jeder Steuer-Leidensgeschichte steht eine Hürde, für die viele Schweizerinnen und Schweizer alle Jahre wieder einen grossen Anlauf brauchen: das Ausfüllen der Steuererklärung. Und in der Tat ist sie für Normalbürger eine echte Knacknuss. Leider sind die Formulare – wie dies amtliche Papiere so an sich haben – keineswegs leicht verständlich geschrieben und aufgebaut. Und wer aus einem anderen Kanton neu zugezogen ist, muss umlernen, denn die Steuerformulare in den verschiedenen Kantonen sind noch immer nicht völlig einheitlich, obwohl das eidgenössische Steuerharmonisierungsgesetz dies vorschreibt.

Immerhin lässt sich feststellen, dass die meisten Kantone in den letzten Jahren diesbezüglich Fortschritte gemacht haben und dass die meisten Steuererklärungen und Wegleitungen – also die Erklärungsblätter dazu – besser lesbar sind als früher. Die Schwierigkeit ist meist, herauszufinden, was bei den einzelnen Positionen genau gemeint ist: Was sind beispielsweise «Kapitalabfindungen für wiederkehrende Leistungen»? Die Antwort: Darunter fallen etwa Haftpflichtleistungen für Erwerbsausfall, Lohnnachzahlungen aus der Vergangenheit oder Mietvorauszahlungen für mehrere Jahre. Bei solchen Fragen hilft nur aufmerksames Studieren der Wegleitung, und wenn das keine Klärung bringt, ein Anruf beim Steueramt.

Ein Trost: Wenn Sie bei einem Punkt nicht wissen, was er bedeutet, haben Sie in der Regel wohl auch nichts einzutragen, wie das obige Beispiel zeigt.

Anderseits weiss man manchmal zwar, dass man einen bestimmten Posten deklarieren muss, hat aber keine Ahnung, unter welche Position er fällt. Oder hätten Sie gewusst, dass der Lottogewinn bei den Einkünften aus Wertschriften zu deklarieren ist?

Dieses Kapitel des Ratgebers soll beim Ausfüllen der Steuererklärung helfen, indem die Positionen Schritt für Schritt besprochen werden. Die Formulare vieler Kantone sind immerhin – dem Harmonisierungsgesetz des Bundes sei Dank – so weit gleich gegliedert, dass Sie sich mit diesen Erläuterungen zurechtfinden werden.

Belege und Formulare

Wer eine umfassende Steuererklärung einreicht, muss für einige Positionen zusätzliche Formulare oder Belege ausfüllen. In der Regel steht in der entsprechenden Zeile ein Hinweis darauf, dass solche Belege erforderlich sind, beispielsweise: Lohnausweis, Bescheinigung, Aufstellung, Hilfsblatt, Wertschriftenverzeichnis, Formular. Einige dieser Beilagen, wie der Lohnausweis oder der Steuerauszug der Bank, müssen als Originale mitgeschickt werden. Andere – beispielsweise das Wertschriftenverzeichnis – sind als vorgedruckte Formulare zum Ausfüllen beigelegt, hier verwendet man der Einfachheit halber am besten diese Vorlagen. Falls ein Formular fehlt, kann es beim Steueramt der Wohngemeinde nachbestellt oder oft auch vom Internet heruntergeladen werden. Allerdings ist auch erlaubt, einfache Aufstellungen selbst zu erstellen.

> Generell gilt: Auf Verlangen müssen Sie alles, was Sie angeben, auch belegen können. Ausgenommen sind feste Abzüge, die in der Steuererklärung entsprechend gekennzeichnet sind. Wenn der Steuerbeamte eine Angabe anzweifelt, kann er nachträglich die Dokumente dazu einfordern. Bewahren Sie deshalb für alle Fälle die Belege an einem sicheren Ort auf, wenn Sie sie nicht ohnehin der Steuererklärung beilegen.

Internet und CD-ROM

Die elektronische Datenverarbeitung erobert auch das Steuerwesen. Es ist leicht nachvollziehbar, dass es für die Behörden einen Riesenaufwand bedeutet, sämtliche Steuererklärungen und Formulare – oft mit schlecht lesbaren Handschriften ausgefüllt – zu kontrollieren, die wichtigen Informationen ins eigene System zu übertragen (schon nur, um anschliessend die Einzahlungsscheine zu verschicken) und die Berechnungen zu überprüfen.

Was die Banken mit Online-Banking bereits weitgehend realisiert und perfektioniert haben, wollen die Behörden jetzt auch nachvollziehen: Die meisten Kantone erlauben es, die Steuererklärung mithilfe eines Programms auf dem Computer auszufüllen. Dieses Programm heisst je nach Kanton zum Beispiel Easy Tax, TaxMe oder Private Tax. Die Software lässt sich entweder vom Internet herunterladen oder beim Steueramt auf einer CD-ROM beziehen; je nach Kanton ist sie gratis oder kostet etwa 15 Franken. Zwischen der Download-Version und der CD-ROM gibt es in der Regel Unterschiede. So kann es sein, dass die Berechnungsfunktion nur auf der CD-ROM vorhanden ist, und eventuell bekommen Sie damit auch eine ausgefeiltere interaktive Bedienungsanleitung mitgeliefert als bei der Download-Version. Einzelne Kantone bieten die Steuererklärung als Excel-Dokument zum Herunterladen an; dazu müssen Sie allerdings Excel auf dem eigenen Computer installiert haben.

Das Ausfüllen am PC bietet Vorteile. Haben Sie die Steuererklärung einmal erfolgreich geschafft, können Sie sich bei den nächsten Malen einiges an Eingaben sparen und alles stehen lassen, was nicht geändert hat. Ausserdem bieten einige dieser Versionen eingebaute Berechnungsfunktionen. Bei den Kinderabzügen zum Beispiel tragen Sie nicht mehr die Beträge, sondern nur die Anzahl Kinder ein; den Rest erledigt das Programm. Und wenn alles fertig ausgefüllt ist, sagt Ihnen der elektronische Steuergehilfe gleich, wie viel Sie dem Staat abliefern müssen.

Allerdings – so weit sind die Behörden denn doch noch nicht – ist es bisher nicht möglich, die Steuererklärung gleich als elektronisches Dokument einzureichen, etwa per E-Mail. Es ist zwar zulässig, die ausgefüllten Formulare selbst auszudrucken und einzusenden, aber die Originalformulare müssen ebenfalls beigelegt und unterschrieben werden, und in einigen Kantonen muss man auch noch die wichtigsten Zahlen wie das steuerbare Einkommen und Vermögen in die Originalblätter übertragen.

Der Grund: Zurzeit wird die elektronische Verarbeitung noch getestet – auch als Steuerzahlerin und Steuerzahler möchte man wohl sicher sein, dass alles hundertprozentig korrekt funktioniert – und die konventionellen Formulare mit den «richtigen» Zahlen werden zur Kontrolle gebraucht. Wenn die Systeme genügend erprobt sind, werden die Eingaben automatisch übernommen. Dazu wird das Programm nach dem Abschluss der Eintragungen und Berechnungen einen Code erstellen, der ähnlich aussieht wie der Strichcode auf den Verpackungen im Laden oder auch aus einer Ansammlung von schwarzen viereckigen Punkten, sogenannten Pixels, besteht. Daraus kann der Scanner alle erforderlichen Zahlen interpretieren.

Daneben haben alle Kantone zusätzliche Angebote im Internet: Beispielsweise lassen sich die meisten Formulare als pdf-Dateien herunterladen; das ist etwa dann interessant, wenn Sie die Wegleitung verloren haben. Auch viele Formulare und Hilfsblätter sind auf den Steuer-Homepages zu finden, ebenso ausgefüllte Musterdokumente. Einige Kantone stellen interaktive Wegleitungen zur Verfügung oder Steuerrechner, bei denen man die persönlichen Angaben wie Wohnort, Zivilstand, Einkommen in eine Maske eingeben kann und die gesamte Steuerbelastung berechnet erhält. Manche Kantone erlauben es auch, die Fristverlängerung über Internet zu beantragen.

Steuererklärung direkt per Internet ausfüllen Einige besonders fortschrittliche Kantone haben bereits den nächsten Schritt vollzogen, nämlich das Ausfüllen der Steuererklärung direkt über Internet. Das funktioniert grundsätzlich sehr ähnlich wie Online-Banking. Bei der Berner Lösung beispielsweise tippt man am eigenen Computer über eine Eingabemaske alle Daten und Zahlen ein, und diese werden direkt auf den Server der kantonalen Steuerverwaltung übertragen und dort gespeichert. Dafür muss man zuerst ein persönliches Passwort beantragen, damit wie bei den Online-Bankgeschäften gesichert ist, dass nur die berechtigte Person auf die eigenen Daten zugreifen kann und dass diese Daten auch mit Sicherheit von der betreffenden Person stammen.

Wenn Sie die Steuererklärung elektronisch ausfüllen wollen, sollten Sie sich dafür etwas mehr Zeit nehmen als für die gewohnte Papierversion. Wie alle Computeranwendungen müssen Sie auch diese Programme zuerst kennenlernen, bevor Sie damit richtig umgehen können. Und wie alle Programme können sie ihre Macken haben, lassen sich beispielsweise nicht auf Anhieb installieren oder stürzen ab. Und da das Ausfüllen an sich schon kein Vergnügen ist, ärgert man sich dann doppelt. Wenn Sie nicht besonders routiniert sind im Umgang mit dem Computer, lohnt es sich vielleicht, bei Bekannten Hilfe zu holen.

Hilfe suchen und finden

Der wichtigste Rat, wenn Ihnen die Probleme mit den Steuern über den Kopf zu wachsen drohen: Nicht verzweifeln und vor allem die Probleme nicht einfach auf die Seite schieben – sie sind damit nämlich nicht aus dem, sondern im Gegenteil immer wieder im Weg... Versuchen Sie, die Schwierigkeiten zusammen mit Fachpersonen und -stellen zu bewältigen. Dazu gibt es verschiedene Möglichkeiten:

— Wenden Sie sich direkt ans Steueramt. Die Beamtinnen und Beamten sind durchaus bereit, Auskünfte auf Fragen zu geben, bieten aber natürlich keine umfassende Steuerberatung. Hingegen kommen sie einem in der Regel bei Problemen entgegen, etwa indem sie Ratenzahlungen gewähren. Wer beim Steueramt allerdings seine persönlichen Probleme besprechen will – etwa dass der Partner einen in der teuren gemeinsamen Wohnung sitzen lassen hat –, ist sicher nicht am richtigen Ort.

— Vor allem Anfang Jahr, wenn die Steuerformulare im Briefkasten liegen, bieten viele Zeitungen und Zeitschriften, aber auch Institutionen wie die Caritas oder Pro Senectute Beratung an. Der Beobachter beispielsweise stellt in dieser Zeit eine Steuer-Hotline mit Fachleuten aus verschiedenen Kantonen bereit.

— Bitten Sie Bekannte um Hilfe, die vom Thema etwas verstehen.
Aber seien Sie in diesem Fall besonders vorsichtig: Nicht aus Misstrauen, sondern weil persönliche oder freundschaftliche Beziehungen durch einen Streit wegen Geldsachen stark belastet werden können. Überlegen Sie sich also genau, was Sie von dieser Person erwarten, und vor allem: Behalten Sie die Kontrolle, füllen Sie die Steuererklärung und die anderen Formulare selbst aus und überprüfen Sie jeden Eintrag genau. Denn selbstverständlich ist jeder und jede Steuerpflichtige selbst für alle Angaben verantwortlich. Die Ausrede: «Mein Freund hat mir geholfen und das Formular ausgefüllt», gilt nicht.

Hilfe vom Profi Einen professionellen Steuerberater oder eine Treuhänderin beizuziehen ist für Angestellte mit Lohnausweis und unkomplizierten Einkommens- und Vermögensverhältnissen sicher nicht nötig. In besonderen Situationen, etwa wenn Sie geerbt, ein Haus ge- oder verkauft haben oder nach einer schwierigen Scheidung, kann dies aber anders sein. Wer sich überlegt, einen Profi beizuziehen, sollte zuerst eine einfache Rechnung machen:

Das Ausfüllen einer einfachen Steuererklärung durch eine Fachperson kostet im Normalfall 200 bis 400 Franken, eine Steuererklärung und ein Jahresabschluss für eine Einzelfirma 1000 bis 1500 Franken und ein Treuhandmandat für einen Kleinbetrieb mit Führen der Buchhaltung, Erstellen des Jahresabschlusses, Sozialversicherungsabrechnung und Steuerberatung kommt auf rund 4000 bis 6000 Franken zu stehen. Wer als Privatperson in einen anderen Kanton umzieht, spart die paar Hundert Franken vielleicht schon dadurch ein, dass der Steuerberater das Maximum an Abzügen herausholt, auf die man selbst als Neuling nicht gekommen wäre. Die Inhaberin der Einzelfirma, die zehn Stunden braucht, um die Steuererklärung auszufüllen, könnte stattdessen zehn Stunden für Kunden arbeiten und verrechnen, wodurch die Kosten für den Fachmann rasch amortisiert sind.

Und dazu kommt noch der emotionale Wert: Wer sich während der zehn Stunden Arbeit an der Steuererklärung permanent ärgert, sollte die Kosten für einen Steuerberater auch unter diesem Aspekt betrachten.

Generell gilt: Für Unternehmen – auch für kleine – lohnt sich in der Regel eine Steuerberaterin oder ein Treuhänder.

Wie findet man professionelle Hilfe? Wer eine Fachperson für die Steuersachen sucht, sollte folgende Punkte prüfen:

— Hat der Berater eine fachliche Ausbildung, zum Beispiel als Buchhalter/Controller, Wirtschaftsprüfer, Steuerexperte, Treuhandexperte (eidgenössische Berufsprüfung oder eidgenössische höhere Fachprüfung)? Ein solcher Titel allein gibt zwar nicht völlige Sicherheit, aber ein Minimum an Kompetenz ist damit schon garantiert.

— Kennt die Beraterin die örtlichen und kantonalen Verhältnisse und Gesetze?

— Hat die Beraterin Erfahrung in der Betreuung von Betrieben in der eigenen Branche?

— Hat das Beratungsunternehmen die richtige Grösse? Eine Einzelfirma ist bei einem allein arbeitenden Steuerberater in der Regel gut betreut, ein grösserer Betrieb braucht eher eine Steuerberatungsfirma, die in der hektischen Phase auch mal mehrere Personen einsetzen kann.

— Schliesslich sollte man sich darüber vergewissern, dass die Fachperson oder Firma das Mandat neutral, motiviert und engagiert betreut, und auf jeden Fall vorher Referenzen und einen Kostenvoranschlag einholen.

— Und dann muss – ganz wesentlich – die gegenseitige Chemie stimmen; Ihrem Steuerberater müssen Sie vertrauen können.

Die Steuererklärung Schritt für Schritt

Es gibt wohl niemanden, für den das Ausfüllen der Steuererklärung ein echtes Vergnügen ist. Aus diesem Grund ist es besonders wichtig, den Ärger oder zumindest den Aufwand in Grenzen zu halten, indem man sich gut darauf vorbereitet. Das heisst vor allem, dass Sie zuerst alles zusammensuchen und bereitlegen, was Sie brauchen werden.

Die richtige Vorbereitung

Folgende Unterlagen und Dokumente brauchen Sie für das Ausfüllen der Steuererklärung (selbstverständlich benötigen nicht alle Steuerpflichtigen alle Formulare):

— Für die Deklaration der Einnahmen
  — Lohnausweis, allenfalls auch mehr als einen
  — Bescheinigung der Arbeitslosenkasse über Taggelder
  — Belege über bezogene Renten oder andere Entschädigungen
  — Zinsausweise für alle Bank- und Postkonten
  — Wertschriftenverzeichnis der Banken, bei denen Sie Konten und Depots haben
  — Weitere Unterlagen wie Gutschriften von Zinsen und Dividenden, Kauf- und Verkaufsbelege von Obligationen, Aktien und anderen Wertschriften, Rückkaufswertbescheinigungen
  — Belege über Lotto- und andere Gewinne

— Für die Deklaration der Abzüge
  — Belege über Berufsauslagen wie Fahrtkosten, Kosten für auswärtige Verpflegung, Umschulung / Weiterbildung
  — Belege über Schuldzinsen
  — Belege über Unterhaltsbeiträge beispielsweise für die Kinder aus geschiedener Ehe

- Bescheinigung der Versicherungseinrichtung oder Bankstiftung über geleistete Beiträge an die Säule 3a
- Bescheinigung über Beitragsleistungen an Pensionskassen, die nicht im Lohnausweis enthalten sind
- Belege über Krankheits-, Unfall- oder Invaliditätskosten
- Allfällige weitere Belege, etwa für Spenden

— Für Hausbesitzer
- Belege über Mietzinseinnahmen oder die Eigenmietwertverfügung
- Belege über Renovationen und Umbauten

— Und schliesslich
- Steuererklärung, alle beigelegten Hilfsblätter und die Wegleitung
- Persönliche Werkzeuge wie Papier, Schreibzeug und Taschenrechner
- Letzte Steuererklärung: Dort nachzuschauen, wie Sie es beim letzten Mal gemacht haben, ist eine grosse Hilfe.
- Letzte definitive Veranlagungsverfügung: Daraus wird ersichtlich, ob und was das Steueramt gegenüber Ihrer Steuererklärung geändert hat. Natürlich müssen Sie dazu auch die Steuererklärung zur Hand haben, auf die sich die Verfügung bezieht, damit Sie direkt vergleichen können.

Sinnvollerweise fangen Sie mit dem Ausfüllen derjenigen Hilfsblätter und Zusatzformulare an, die Sie beilegen müssen, also mit dem Wertschriftenverzeichnis, dem Hilfsblatt für das Einkommen aus selbständiger Tätigkeit oder dem Formular für Liegenschaftsbesitzer – was für Sie eben zutrifft. Die dort errechneten Beträge müssen anschliessend in die Steuererklärung übertragen werden. Eine Kurzbeschreibung der häufigsten Formulare finden Sie ab Seite 53. Dieser Ratgeber beschreibt allerdings in erster Linie das Ausfüllen der eigentlichen Steuererklärung, da nicht alle Steuerpflichtigen dieselben Zusatzformulare brauchen.

Empfehlenswert ist, zuerst die Kopie auszufüllen und dann, wenn alle Angaben komplett sind, die Zahlen ins Original zu übertragen. Ganz Vorsichtige füllen auch die Beiblätter zuerst in Kopie aus. Formulare, die Ihnen nicht vom Steueramt im Doppel zugeschickt worden sind, können Sie entweder fotokopieren oder vom Internet herunterladen und ausdrucken.

Die einzelnen Felder

Die Reihenfolge der verlangten Angaben ist heute in den meisten Kantonen ziemlich gleich. Ebenso sind die Begriffe bereits mehr oder weniger vereinheitlicht. Wer irgendwo auf ein Problem stösst, sucht zuerst in dieser Aufstellung und in der Steuererklärung etwas weiter oben oder unten und sieht allenfalls in der Wegleitung nach, ob sich ein ähnlicher Begriff findet.

Allgemeine Angaben

— Name und komplette Adresse: Diese Angaben sind häufig bereits auf die Formulare aufgedruckt.

— Bevollmächtigte/r Vertreter/in: Damit ist Ihr Steuerberater oder Ihre Steuerberaterin gemeint. Wer die Steuererklärung selbst ausfüllt, hat keinen Vertreter.

— Personalien

— Kinder: Kinder bis zu 18 Jahren werden auf der Steuererklärung der Eltern aufgeführt; die älteren müssen selbst eine ausfüllen und einreichen. Finanzieren Sie älteren Kindern, die noch in Ausbildung sind, den Unterhalt, führen Sie diese ebenfalls hier auf.

— Von Ihnen unterstützte erwerbsunfähige oder beschränkt erwerbsfähige Personen: Das sind beispielsweise Eltern oder andere Verwandte, für die Sie aufkommen.

Einkünfte

— Einkünfte aus unselbständiger Tätigkeit: Gemeint ist der Nettolohn aus dem Lohnausweis, also nach Abzug der Beiträge an
AHV, Arbeitslosenversicherung, Pensionskasse. Wenn Sie mehr
als einen Lohnausweis haben, müssen Sie die Zahlen addieren.
Ehepaare setzen die Zahlen für den Mann und die Frau in die
separaten Felder ein. Und selbstverständlich müssen Sie diese
Position nur ausfüllen, wenn Sie angestellt, eben unselbständig
erwerbstätig sind.

— Einkünfte aus selbständiger Tätigkeit: Sind Sie Selbständigerwerbender tragen Sie hier die Zahl aus dem Hilfsblatt
für Steuerpflichtige mit selbständigem Erwerb ein. Wer eine
Firma hat und eine Buchhaltung mit Bilanz und Erfolgsrechnung führt, setzt den Jahresgewinn ein (mehr dazu in
Kapitel 5, Seite 99).

Wenn Sie gleichzeitig angestellt – zum Beispiel in einem
Teilzeitverhältnis – und selbständig erwerbend sind, müssen
Sie beide Positionen ausfüllen.

— Einkünfte aus Nebenerwerb: Als Nebenerwerb gilt zum einen
jede Tätigkeit neben dem Haupterwerb, für die Sie einen Lohn
oder ein Honorar erhalten: also eine zusätzliche Teilzeitstelle,
aber auch ein bezahltes Amt in einem Verein oder der Sitz in
einem Verwaltungsrat. Hierher gehört aber auch der Lohn aus
einer gelegentlichen oder unregelmässigen Arbeit einer Person, die sonst keine Haupterwerbstätigkeit ausübt. Häufig findet
sich diese Situation bei Ehepaaren, wenn der Mann eine Vollzeitstelle hat und die Frau nur gelegentlich arbeitet.
Wer eine selbständige Nebenerwerbstätigkeit ausübt, muss
die Einnahmen – für die Abzüge auch die Ausgaben – detailliert
auflisten (siehe Seite 102).
Und schliesslich sind unter dieser Position auch Einkünfte
aus Lizenzen und Tantiemen aufzuführen.

Einkommen ist nicht unbedingt Geld

Auch Naturallohn – das sind Leistungen, die Sie nicht in Geldform erhalten – ist steuerpflichtig und muss unter «Übrige Einkünfte» deklariert werden. Im Kanton Bern ist er unter der Position «Entschädigungen, die nicht im Nettolohn enthalten sind» aufzuführen. Verschiedene Gerichte haben beispielsweise entschieden, dass eine Konkubinatspartnerin, die ihrem Lebensgefährten den Haushalt gegen Kost, Logis und ein Taschengeld führt, diese Naturalleistungen als Erwerbseinkommen versteuern muss. Zudem werden darauf Sozialversicherungsbeiträge fällig. Der erwerbstätige Partner allerdings kann den «Lohn» an seine Gefährtin in der Steuererklärung nicht absetzen.

— Einkünfte aus Sozial- und anderen Versicherungen: Dabei geht es um Renten der AHV und IV, der Pensionskasse, der Unfall- oder Militärversicherung sowie um Erwerbsausfallentschädigungen. Tragen Sie die Zahlen bei den dafür vorgesehenen Unterpunkten ein.

— Wertschriftenertrag: Dies sind neben den Erträgen auf Sparkonten die Zinsen von Obligationen oder die Dividenden von Aktien – und nicht etwa der eigentliche Wert dieser Papiere (dieser ist beim Vermögen anzugeben). Setzen Sie hier die entsprechende Zahl aus dem Wertschriftenverzeichnis ein (siehe Seite 54). Lotto-, Toto- und ähnliche Gewinne gehören ebenfalls unter diesen Punkt.

— Übrige Einkünfte und Gewinne: Weitere Einkünfte sind grundsätzlich alle Einnahmen, die nicht unter einem anderen Punkt aufgeführt worden sind, beispielsweise Trinkgelder, Finderlohn oder Genugtuungszahlungen nach einem Unfall.

— Unterhaltsbeiträge: Selbstverständlich sind Beiträge gemeint, die Sie selbst ausbezahlt bekommen – etwa Alimente vom geschiedenen Ehegatten für Sie und für Ihre Kinder unter 18 Jahren. Alimente für Kinder über 18 Jahren,

die noch in Ausbildung sind, müssen nicht mehr als Einkommen aufgeführt werden.
— Kapitalabfindungen für wiederkehrende Leistungen können zum Beispiel Lohnnachzahlungen aus der Vergangenheit sein.
— Positionen, die nur von Liegenschaftenbesitzern auszufüllen sind: Hierher übertragen Sie die entsprechenden Zahlen aus dem Hilfsblatt bzw. aus dem Liegenschaftenverzeichnis (siehe Seite 56).

Abzüge Bei den Abzügen finden sich jeweils zwei Kolonnen: Staatssteuer und Bundessteuer. Denn die Abzüge sind nicht nur von Kanton zu Kanton verschieden, sondern auch der Bund hat dafür eigene Ansätze. Dieselbe Steuererklärung dient zur Berechnung der Staats- und Gemeindesteuer (dafür erhalten Sie vom Steueramt der Wohngemeinde eine gemeinsame Rechnung) sowie der Bundessteuer (dafür kommt vom kantonalen Steueramt eine separate Rechnung), deshalb müssen hier jeweils zwei Zahlen aufgeführt werden. Aber aufgepasst: Nicht alle Abzüge sind bei der Staats- und der Bundessteuer zulässig!

Genauso, wie Sie als Beleg für Ihr Einkommen den Lohnausweis beilegen müssen, will das Steueramt auch bei den Abzügen Bescheinigungen sehen. Für gewisse Positionen liegt bereits ein Formular bei, etwa für die Aufstellung der Berufsauslagen; dies ist allerdings von Kanton zu Kanton unterschiedlich. Mehr zum Thema Abzüge finden Sie in Kapitel 4 (Seite 77).

— Berufsauslagen bei unselbständiger Erwerbstätigkeit: Angestellte können Aufwendungen für ihre Berufstätigkeit, die nicht vom Arbeitgeber übernommen werden, abziehen. Hierher gehören zum Beispiel – je nach Kanton unterschiedlich – Fahrtkosten, Verpflegungskosten, Weiterbildungs- und Umschulungskosten. Diese Ausgaben werden auf einem separaten

Hilfsblatt aufgeführt; übertragen Sie das Total in diese Position der Steuererklärung. Für Selbständigerwerbende fällt dieser Punkt weg, denn sie haben ihre Berufsunkosten bereits im entsprechenden Hilfsblatt oder in der Erfolgsrechnung gegen die Einnahmen aufgerechnet.

— Schuldzinsen: Darunter fallen nicht nur Zinsen für Hypotheken, sondern auch für alle anderen Kredite: Kleinkredite, Geschäftskredite, private Darlehen von Bekannten und sogar Strafzinsen für überzogene Kreditkarten. Weiter können hier Zinsanteile für Ratenzahlungen abgezogen werden.

— Unterhaltsbeiträge und Rentenleistungen: Unterhaltsbeiträge sind zum Beispiel Alimente für Ehegatten und für Kinder unter 18 Jahren. Alimente für ältere Kinder können nicht mehr abgezogen werden. Für diese darf nur noch der Kinderabzug (siehe Seite 126) eingesetzt werden. Auch wenn Sie Personen mit regelmässigen Beiträgen unterstützen, die wegen ihres Alters oder aus gesundheitlichen Gründen erwerbsunfähig und unterstützungsbedürftig sind, können Sie diese Beträge hier aufführen. Allerdings muss die Unterstützungsleistung eine bestimmte Höhe erreichen; bei der Bundessteuer sind es beispielsweise 6100 Franken.

— Beiträge an anerkannte Formen der gebundenen Selbstvorsorge (Säule 3a): Gemeint sind hier die Einzahlungen in ein 3a-Konto oder die Prämien für eine 3a-Police. Die entsprechenden Beträge finden Sie auf dem Beleg der Vorsorgeinstitution, den Sie auch beilegen müssen (mehr zur Säule 3a auf Seite 188).

— Versicherungsprämien: Beiträge an persönliche Versicherungen wie Lebens-, Unfall- und Krankenversicherungen können bis zu den angegebenen Höchstsätzen abgezogen werden, nicht aber Prämien für die Auto- oder Hausratsversicherung. Je nachdem, ob Sie zusätzlich Beiträge in die 2. oder 3. Säule eingezahlt haben, gelten andere Höchstsätze (mehr dazu auf Seite 87).

— Weitere Abzüge: Hierher gehören Beiträge an die AHV, IV und 2. Säule, die nicht bereits im Lohnausweis als Arbeitnehmerbeiträge aufgeführt sind und damit Ihren Nettolohn beeinflusst haben.

— Beiträge für politische Parteien und gemeinnützige Institutionen sind mit Quittungen zu belegen. Welche Institutionen steuerbegünstigt unterstützt werden können, ist von Kanton zu Kanton unterschiedlich.

— Kosten für die Verwaltung des Privatvermögens: Das sind beispielsweise Depot- und Safegebühren. Abgezogen werden können auch Quellensteuern, die auf ausländische Anlagen erhoben werden und nicht zurückgefordert werden können. Verschiedene Kantone kennen für diesen Abzug eine Pauschale.

— Weitere Abzüge: Hier können Sie zum Beispiel Lottoeinsätze aufführen – jedoch nur bis zur Höhe der erzielten Gewinne, die Sie bei den Einkünften deklariert haben. Dann fallen unter diese Position auch AHV-Beiträge für nicht erwerbstätige Personen.

— Sonderabzug bei Erwerbstätigkeit beider Ehegatten: Dieser Abzug dient dazu, die höhere Besteuerung von Ehepaaren gegenüber Konkubinatspaaren zu mildern.

Einkommensberechnung Jetzt geht es ums Zusammenzählen der bereits errechneten Zahlen für Einkommen und Abzüge. Zudem werden hier ein paar weitere Abzüge aufgeführt, insbesondere die Steuerfreibeträge für Kinder und andere von Ihnen unterstützte Personen, auch Sozialabzüge genannt (siehe Seite 89). Ist auch dies berücksichtigt, erhalten Sie als Resultat das steuerbare Einkommen.

Vermögen Grundsätzlich gilt, dass Vermögenswerte zum aktuellen oder zum Verkehrswert aufgeführt werden müssen. Das ist der Wert, den man in diesem Zeitpunkt bei einem Verkauf erzielen würde, im Gegensatz zum Neuwert (bei Sachwerten wie einem Auto oder einem Haus) oder zum Kaufkurs (beispielsweise bei Aktien und Obligationen). Da in der Regel die Steuererklärung für ein Jahr ausgefüllt wird, gilt als Stichtag für die Vermögensbewertung der 31. Dezember. Steuerausweise, die Sie von der Bank oder Versicherungsgesellschaft erhalten, werden ohnehin auf dieses Datum ausgestellt.

— Bewegliches Vermögen, Wertschriften und Guthaben: Das Wertschriftenverzeichnis (siehe Seite 54) haben Sie bereits bei der Angabe des Einkommens gebraucht, um die Zinsen und Dividenden einzutragen. Hier sind nun diejenigen Zahlen einzusetzen, die im Steuerauszug der Bank als Wert oder Steuerwert deklariert sind.

— Bargeld, Gold und andere Edelmetalle: Gemeint sind nicht der Inhalt des Portemonnaies oder die drei Goldvreneli, die heute auch nicht mehr so viel wert sind wie damals, als man sie zur Konfirmation erhielt. Aber wer 10 000 Franken unter der Matratze versteckt hat, muss diese hier deklarieren.

— Lebens- und Rentenversicherungen: Damit sind Versicherungen der Säule 3b gemeint; Guthaben bei der Säule 3a müssen nicht als Vermögen versteuert werden. Einzusetzen ist der sogenannte Rückkaufswert. Das ist der Wert, den Ihnen der Versicherer auszahlen würde, wenn Sie die Police jetzt auflösen würden. Diesen Wert teilt Ihnen der Versicherer jeweils per Ende Jahr mit, die Bescheinigung müssen Sie der Steuererklärung beilegen (mehr zur Säule 3b auf Seite 188 und 194).

— Motorfahrzeuge: Auch diese müssen als Vermögen deklariert werden. Einige Kantone veröffentlichen Tabellen für den aktuellen Wert, je nach Alter und Neupreis der Fahrzeuge; andere gewähren pro Jahr einen Prozentsatz des Kaufpreises als Abschreibung.

— Anteil an unverteilten Erbschaften bzw. an Erbengemeinschaften, Anteile am Vermögen von Geschäften: Die Werte für diese Position stellen Sie auf einem separaten Blatt zusammen, auf dem auch die Namen und die Anteile der anderen Erben oder der am Geschäft Beteiligten aufgeführt sind.

— Übrige Vermögenswerte: Darunter fällt alles von Wert, was Sie nicht bereits weiter oben aufgeführt haben: das Boot, der Wohnwagen, die Gemäldesammlung und andere Kunstwerke, Schmuck, das Privatflugzeug, das Pferd. Wichtig: Der Hausrat ist in den meisten Kantonen ganz oder teilweise steuerfrei.

— Liegenschaften: Hier sind die Angaben aus dem Liegenschaftenverzeichnis zu übertragen (siehe Seite 56).

— Betriebsvermögen Selbständigerwerbender: Übertragen Sie hier die Angaben vom entsprechenden Beiblatt. Wer eine kaufmännische Buchhaltung führt (siehe Seite 101), muss die Bilanz und die Erfolgsrechnung – bei mehreren Geschäften die Unterlagen für alle Firmen – beilegen. Wenn jemand keine Buchhaltung führt, verlangt das Steueramt mindestens eine Aufstellung über die Aktiven und Passiven, die Einnahmen und Ausgaben sowie die Beträge, die man für sich privat aus der Kasse entnommen oder in diese eingebracht hat. Für land- und forstwirtschaftliche Betriebe haben einzelne Kantone separate Beiblätter, andere erfassen diese Betriebe mit den allgemeinen Formularen für Selbständigerwerbende.

Schulden Unter diese Position fallen vor allem Hypotheken, aber auch Geschäfts- und Kleinkredite (zum Beispiel für ein Auto) oder private Darlehen von Bekannten. Weiter können hier offene Rechnungen für grössere Anschaffungen oder Handwerkerarbeiten abgezogen werden. Wenn Sie solche Schulden geltend machen wollen, müssen Sie auf jeden Fall den oder die Namen der Gläubiger angeben. Die entsprechenden Beträge übernehmen Sie vom Schuldenverzeichnis, das Sie auch für die Berechnung der Schuldzinsen bei den Abzügen vom Einkommen benötigt haben (siehe Seite 56).

Steuerbares Vermögen Jetzt ist es praktisch geschafft: Aus Einkommen und Abzügen haben Sie bereits das steuerbare Einkommen berechnet, aus Vermögen und Schulden erhalten Sie nun auch das steuerbare Vermögen. Wenn Sie nicht noch unter dem letzten Punkt «Kapitalleistungen» etwas einzutragen haben, fehlen nur noch das Datum und die Unterschrift.

Kapitalleistungen aus Vorsorge Gemeint sind einmalige Auszahlungen (also keine Renten) der 2. oder 3. Säule. Diese werden separat aufgeführt, weil sie separat vom übrigen Einkommen und zu unterschiedlichen Sätzen besteuert werden (siehe auch Seite 186).

Lohnausweis, Wertschriftenverzeichnis und andere Beilagen

Der Steuererklärung liegen jeweils weitere Formulare zum Ausfüllen bei. Selbstverständlich müssen Sie nur diejenigen behalten, ausfüllen und zusammen mit der Steuererklärung zurückschicken, auf denen Sie etwas einzutragen haben. Eventuell müssen Sie auch zusätzliche Formulare beim Steueramt verlangen. Weitere Dokumente, die beizulegen sind, erhalten Sie vom Arbeitgeber, von der Bank oder von einer Versicherungsgesellschaft. Im Folgenden werden die wichtigsten kurz beschrieben.

Lohnausweis Für Unselbständige ist der Lohnausweis sicher das wichtigste Dokument, das der Steuererklärung beigelegt werden muss. Seit 2008 verwenden alle Kantone den neuen Lohnausweis. Darin müssen die Lohnnebenleistungen, die «Fringe Benefits», viel detaillierter aufgeführt werden als bisher.

Zwar wird der Lohnausweis vom Arbeitgeber ausgefüllt, doch wenn Angaben nicht korrekt sind, trifft es den Steuerpflichtigen. Überprüfen Sie deshalb, ob alle Ihre Bezüge korrekt deklariert worden sind.

Formular Berufsauslagen Hier tragen Sie die verschiedenen Auslagen ein, die Sie im Zusammenhang mit Ihrer Berufstätigkeit hatten, etwa die Fahrt-, Verpflegungs- oder die Weiterbildungskosten (siehe Seite 80). Dies sind entweder Pauschalbeträge oder die effektiven Auslagen. Ziehen Sie bloss die Pauschale ab, brauchen Sie nichts zu belegen. Wenn Sie aber höhere effektive Kosten abziehen wollen, müssen Sie den ganzen Betrag nachweisen können.

Wertschriftenverzeichnis Besitzen Sie Vermögen – dazu gehören neben den Bankkonten vor allem Aktien und Obligationen, aber auch Fondsanteile oder Optionen –, müssen Sie dies im Wertschriftenverzeichnis aufführen. Das wird Ihnen einfach gemacht, denn von der Bank erhalten Sie gegen Gebühr einen Steuerauszug, auf dem Sie alle nötigen Angaben per 31. Dezember des Jahres finden.

Im Wertschriftenverzeichnis müssen zwei Zahlen eingetragen werden: Einerseits der eigentliche Wert der einzelnen Vermögensbestandteile, der als «Steuerwert» bezeichnet wird. Beim Bankkonto ist das der Stand per Ende Jahr; bei Wertpapieren ist es der Betrag, den man ausbezahlt bekommen hätte, wenn man die Papiere am Stichtag, also am 31. Dezember, verkauft hätte. Anderseits geben Sie die Erträge an, also die Zinsen bzw. die Dividenden, die Sie auf Ihren Konten und Wertpapieren im laufenden Jahr ausbezahlt erhielten. Der Ertrag – das ist ja das, was man mit der Anlage verdient hat – wird als Einkommen versteuert, der Wert als Vermögen. Unterschieden wird dabei zwischen Werten mit und ohne Verrechnungssteuer:

— Werte mit Verrechnungssteuer: Grundsätzlich besteuert der Bund die Erträge von Schweizer Konten und Wertschriften direkt, und zwar zu einem Satz von 35 Prozent. Das heisst: Wenn Sie für eine Anlage Dividenden oder Zinsen im Betrag von 100 Franken erhalten, werden nur 65 Franken davon auf Ihr Konto überwiesen; die übrigen 35 Franken gehen von der Bank direkt zum Bund. Wenn Sie später in der Steuererklärung Ihre Wertschriften korrekt deklarieren, werden Ihnen diese 35 Franken in der Steuerrechnung wieder gutgeschrieben. Dasselbe gilt für

Lottogewinne und viele Versicherungsleistungen; auch hier erhalten Sie nur 65 Prozent ausbezahlt, die Verrechnungssteuer wird Ihnen später rückvergütet.

Das Ganze sieht auf den ersten Blick nach Leerlauf aus, ist aber keiner: Der Teil der Zinsen und Dividenden, der sozusagen einen Umweg macht, kommt zwar zur Empfängerin oder zum Empfänger zurück. Aber nur, wenn der gesamte Zinsertrag in der Steuererklärung deklariert worden ist – und damit auch Einkommenssteuern darauf bezahlt werden.

Im Wertschriftenverzeichnis tragen Sie alle Vermögensbestandteile mit Verrechnungssteuerabzug in die vorgesehenen Felder ein und errechnen dann das Total für den Wert und für den Ertrag. Eingesetzt wird jeweils den Bruttoertrag ohne Abzug der Verrechnungssteuer. Vom Gesamtertrag – also dem Betrag, den Sie versteuern müssen – berechnen Sie 35 Prozent und tragen diese Zahl im dafür vorgesehenen Feld ein.

Das ist der Betrag, den Ihnen die Bank nicht ausbezahlt, sondern direkt an den Bund überwiesen hat und den Ihnen das Steueramt bei der Berechnung Ihrer Gesamtsteuerschuld gutschreibt.

— **Werte ohne Verrechnungssteuer:** Dazu gehören zum einen Schweizer Wertschriften, die steuerlich begünstigt sind, zum andern ausländische Wertpapiere. Viele Fonds – auch solche von Schweizer Banken – werden im Ausland aufgelegt und unterstehen dem Recht des jeweiligen Staates; bekannt und beliebt sind Fonds nach luxemburgischem Recht (SICAV). Darauf können logischerweise weder der Bund noch die Kantone Verrechnungssteuern erheben. Das ändert allerdings nichts daran, dass man als Steuerpflichtige oder Steuerpflichtiger in der Schweiz die Erträge versteuern muss.

Im Wertschriftenverzeichnis aufführen müssen Sie auch Lotto-, Lotterie- oder Totogewinne. Die Beträge tragen Sie in die Kolonnen «Steuerwert» und «Ertrag» ein. Und vergessen Sie nicht, die Belege beizulegen (Steuerauszug der Bank, des Versicherers, Beleg der Lottogesellschaft). Aufführen müssen Sie ferner Erbschaften und Schenkungen und eventuell Versicherungsleistungen wie Kapitalauszahlungen aus Lebensversicherungen. Allerdings müssen Sie diese Werte nicht als Ertrag deklarieren.

> ✳ Eine Schenkung muss nicht unbedingt in einem Geldbetrag bestehen. Wenn jemand beispielsweise von den Eltern ein Haus für 400 000 Franken kauft, das auf dem freien Markt 600 000 wert wäre, gilt die Differenz von 200 000 Franken als Schenkung.

Schuldenverzeichnis Im Schuldenverzeichnis führen Sie die einzelnen Schulden und die Zinsen dafür auf. Zu jeder Position müssen Sie Namen und Adresse des Gläubigers angeben. In vielen Kantonen wird unterschieden zwischen Grundpfandschulden (Hypotheken) und anderen Schulden. Die Schulden können beim Vermögen, die Schuldzinsen beim Einkommen abgezogen werden.

Liegenschaftenverzeichnis Im Liegenschaftenverzeichnis und allenfalls in weiteren Bei- oder Hilfsblättern müssen Sie alle Liegenschaften aufführen, die Sie besitzen, also Wohnungen, Häuser, Gewerberäume, Lager, Garagen, unbebaute Grundstücke etc. Hinzu kommen weitere Angaben wie Aufstellungen über die Erträge (Mieteinnahmen) und die Kosten für Unterhalt und Verwaltung. Denken Sie daran, dass Sie auch für die selbst bewohnte Wohnung oder das eigene Haus einen Wert, den sogenannten Eigenmietwert, einsetzen müssen (mehr dazu in Kapitel 7, Seite 141).

Die Berechnung der Steuern

Für die direkten Steuern erhalten Sie zwei Einzahlungsscheine von zwei Stellen: vom Gemeindesteueramt für die Staats- und die Gemeindesteuern und vom kantonalen Steueramt für die direkte Bundessteuer. Wer schon vorher wissen will, wie hoch der Betrag sein wird, muss den Taschenrechner zur Hand nehmen.

Die direkte Bundessteuer

Steuerbares Einkommen in Fr.	Steuer in Fr.	Steuer für je weitere 100 Fr.	Steuersatz in % ab
Alleinstehende			
16 900	25.40	0.77	0,15%
29 800	124.70	0.88	0,42%
39 000	205.65	2.64	0,53%
52 000	548.85	2.97	1,06%
68 300	1 032.95	5.94	1,51%
73 600	1 347.75	6.60	1,83%
127 100	5 525.55	11.00	4,35%
166 200	9 826.55	13.20	5,91%
712 500	81 937.50	11.50	11,50%
Verheiratete und Einelternfamilien			
29 200	25.00	1.00	0,09%
47 900	212.00	2.00	0,44%
54 900	352.00	3.00	0,64%
70 900	832.00	4.00	1,17%
85 100	1 400.00	5.00	1,65%
97 400	2 015.00	6.00	2,07%
108 100	2 657.00	7.00	2,46%
117 000	3 280.00	8.00	2,80%
124 000	3 840.00	9.00	3,10%
129 300	4 317.00	10.00	3,34%
132 900	4 677.00	11.00	3,52%
134 700	4 875.00	12.00	3,62%
136 500	5 091.00	13.00	3,73%
843 600	97 014.00	11.50	11,50%

Quelle: Eidgenössische Steuerverwaltung 2008, TaxWare by Five Informatik

Die **direkte Bundessteuer** wird nach einem festen Tarif aus dem Einkommen berechnet (siehe unten stehende Tabelle).

Komplizierter wird die Berechnung bei der **Staats- und Gemeindesteuer.** Hier müssen Sie die verschiedenen Steuerfüsse von Kanton, Gemeinde und Kirche in Erfahrung bringen, diese zusammenzählen und mit der sogenannten einfachen Staatssteuer multiplizieren.

 Yolanda R. ist unverheiratet, katholisch, hat ein steuerbares Einkommen von 70 000 Franken und wohnt in Bülach im Kanton Zürich. Ihre Steuern berechnet sie folgendermassen:

Direkte Bundessteuer

Steuer für ein Einkommen von Fr. 68 300.–	Fr. 1032.95
Steuer für die Differenz bis Fr. 70 000.–: 17 x Fr. 5.94	Fr. 101.00
Direkte Bundessteuer total	**Fr. 1133.95**

Staats-, Gemeinde- und Kirchensteuer

Einfache Staatssteuer Kanton Zürich

Ansatz für ein Einkommen von Fr. 70 000.–: 5,440%	Fr. 3808.00

Staatssteuerfuss Kanton Zürich 2008: 100%	Fr. 3808.00
Gemeindesteuerfuss Bülach 2008: 123%	Fr. 4683.85
Kirchensteuerfuss katholisch Bülach: 12%	Fr. 456.95
Personalsteuer:	Fr. 24.00
Total Staats-, Gemeinde-, Kirchen- und Personalsteuer	**Fr. 8972.80**
Total	**Fr. 10106.75**

Steuerperiode, Bemessungsperiode, Veranlagungsperiode

Mit dem Bundesgesetz über die Steuerharmonisierung wurde das System der Gegenwartsbesteuerung in der ganzen Schweiz eingeführt. Das heisst, man bezahlt die Steuern jeweils für das laufende Jahr, berechnet auf dem aktuellen Einkommen. Auch dieses System kommt allerdings nicht ganz ohne Verzögerung aus: Schliesslich wissen lange nicht alle Steuerpflichtigen schon Anfang Jahr, wie viel sie bis Ende Dezember verdienen werden. Grundsätzlich geht das Steueramt davon aus, dass dies gleich viel sein wird wie im Jahr zuvor, und stellt eine provisorische Steuerrechnung für das laufende Jahr aus. Anfang des folgenden Jahres füllt man die Steuererklärung aufgrund des nun bekannten Einkommens aus, was möglicherweise zu einer nachträglichen Korrektur führt.

In der Fachsprache heisst dies, dass die Steuerperiode (der Zeitraum, für den Sie die Steuern bezahlen müssen) und die Bemessungsperiode (der Zeitraum, in dem Ihr Einkommen für diese Steu-

Zeitplan der kantonalen Steuerveranlagung

Jahr 1	Jahr 2	Jahr 3
Verdienst im Jahr 1	Verdienst im Jahr 2	Verdienst im Jahr 3
Provisorische Steuerrechnung für Jahr 1	Steuererklärung für Jahr 1 wird ausgefüllt und eingereicht	Steuererklärung für Jahr 2 wird ausgefüllt und eingereicht
	Provisorische Steuerrechnung für Jahr 2	Provisorische Steuerrechnung für Jahr 3
	Definitive Veranlagung und definitive Steuerrechnung für das Jahr 1, allenfalls Anpassung nach oben oder unten	Definitive Veranlagung und definitive Steuerrechnung für das Jahr 2, allenfalls Anpassung nach oben oder unten

ern bemessen wird) zusammenfallen, aber die Veranlagungsperiode (der Zeitraum, in dem Ihre Steuern definitiv eingeschätzt werden) in das nächste Jahr fällt.

In vielen Fällen – vor allem für Angestellte ohne grössere Lohnerhöhung – sieht die definitive Rechnung nicht viel anders aus als die provisorische. Sind die Einkommensdifferenzen zwischen zwei Jahren allerdings besonders gross, kann man beim Steueramt eine korrekte provisorische Rechnung verlangen. Dies ist etwa bei einem Stellenwechsel oder einer Arbeitspause der Fall, aber auch wenn jemand eine grössere Versicherungssumme oder einen Lottogewinn ausbezahlt bekommt oder eine bedeutende Erbschaft macht. Eine solche Anpassung ist heute bei vielen Steuerämtern sehr formlos möglich, ein Telefonanruf genügt. Allerdings hat es keinen Sinn, zu versuchen, das Steueramt auf diese Weise hinters Licht zu führen. Die definitive Steuerrechnung kommt auf jeden Fall, und wenn man vorher viel zu wenig angegeben und versteuert hat, bezahlt man dies mit Zinsen zurück.

Tipps, um die Steuern tief zu halten

Keine Steuerzahlerin, kein Steuerzahler ist in der genau gleichen Situation wie die anderen. Einfache Steuerspartipps, die für alle gelten, gibt es kaum. Hingegen können Sie aus allen Möglichkeiten diejenigen heraussuchen, die für Ihre eigene Situation anwendbar sind. In der richtigen und sinnvollen Kombination ergibt sich daraus Ihre persönliche Steueroptimierung.

Die grundsätzlich wirksamste Steuersparmöglichkeit für alle Schweizerinnen und Schweizer wäre der Umzug in eine andere Gemeinde oder einen anderen Kanton. Wie in Kapitel 1 (Seite 20) beschrieben, sind die Unterschiede in der Belastung enorm.

Wochenaufenthalter: Wichtig ist der Lebensmittelpunkt

Wochenaufenthalter sind Personen, die sich unter der Woche am Arbeits- oder Studienort aufhalten, den tatsächlichen Wohnsitz aber an einem anderen Ort haben und an Wochenenden und Feiertagen regelmässig dorthin zurückkehren. Grundsätzlich sind Wochenaufenthalter nur an ihrem Wohnsitz steuerpflichtig. Das kann steuerlich interessant sein, wenn die Sätze am Wohnort einiges tiefer sind als am Arbeitsort. Doch die Steuerbehörden am Arbeitsort haben ein wachsames Auge auf solche Konstruktionen – vor allem bei jungen Berufstätigen, die den Wohnsitz am steuergünstigen Wohnort der Eltern belassen – und schicken Wochenaufenthaltern gerne ebenfalls eine Steuerrechnung. Wer dies vermeiden will, muss seinen Status als Wochenaufenthalter beweisen. Voraussetzung ist, dass man normalerweise jedes Wochenende nach Hause fährt, dort familiäre Beziehungen pflegt, einen Freundeskreis hat, in einem Verein tätig ist, sich politisch engagiert. Dann stellt einem die Wohngemeinde einen entsprechenden Ausweis aus.

Allerdings ist diese Möglichkeit nicht sehr realistisch: Arbeitsplatz, Hausbesitz, Schulbesuch der Kinder, Verwurzelung an einem Ort sprechen in den meisten Fällen dagegen. Kommt hinzu, dass an steuergünstigen Orten auch die Hauspreise und Mieten oft deutlich höher sind. Doch wenn jemand einen Umzug aus beruflichen oder persönlichen Gründen ohnehin plant, ist es durchaus sinnvoll, unter all den Auswahlkriterien für den neuen Wohnort auch den Steuerfuss in die Überlegungen mit einzubeziehen.

Für alle anwendbar und einfach: Sorgen Sie dafür, dass Sie wirklich alle Abzüge vornehmen, die Ihnen zustehen. Lesen Sie diesen Ratgeber aufmerksam durch, erkundigen Sie sich auf dem Steueramt, nehmen Sie vielleicht einmal die Beratung einer Steuerexpertin in Anspruch, reden Sie mit Freunden und Bekannten darüber. Vielleicht ist Ihnen ja bisher ein Abzug entgangen, der ein paar Hundert Franken zusätzlich an Ersparnis bringt.

Umzug während des Jahres

Wer innerhalb des Jahres in einen anderen Kanton umzieht, zahlt die Steuern für das ganze Jahr am neuen Ort. Ausgenommen von dieser Regel sind Kapitalauszahlungen aus Vorsorgeeinrichtungen (Alterskapital) und wegen Tod oder Invalidität; diese müssen dort versteuert werden, wo die Empfängerin bzw. der Empfänger im Zeitpunkt der Auszahlung gewohnt hat.

Die Regelungen für den Umzug innerhalb des Kantons sind verschieden; in den meisten Kantonen bezahlt man die Steuern dort, wo man am Ende des Jahres Wohnsitz hat.

Wer während des Jahres aus dem Ausland in die Schweiz oder aus der Schweiz ins Ausland zieht, wird nur für die Dauer des Wohnsitzes in der Schweiz besteuert. Einkommens- und Vermögenssteuern werden anteilsmässig berechnet.

Im Folgenden eine Auswahl von Tipps, die Ihnen je nach Ihren persönlichen Umständen zu weiteren Steuerersparnissen verhelfen können.

Eine Steuer, die Sie einsparen könnten, ist die Kirchensteuer. Treten Sie aus der Kirche aus, entfällt sie. Selbstverständlich soll dies kein Aufruf zum Austritt sein, sondern nur die Möglichkeit aufzeigen – dieses Buch ist ein Steuer- und kein Lebensratgeber.

Nutzen Sie die Möglichkeiten der 3. Säule aus, so weit Sie dies können (siehe Seite 188). Allerdings soll hier deutlich darauf hingewiesen sein, dass dabei nicht die Steuerersparnis selbst das erste Ziel sein kann, sondern die Vorsorge im Vordergrund stehen muss.

Wenn Sie Vermögen anlegen können, machen Sie sich kundig über den Unterschied zwischen steuerfreien und steuerpflichtigen Gewinnen und Erträgen und ändern Sie eventuell Ihre Anlagestrategie – selbstverständlich unter Berücksichtigung des Risikos.

Wenn Sie im Konkubinat leben, können Sie eine Todesfall-Risiko-versicherung oder allenfalls eine Versicherung der Säule 3a ab-schliessen und Ihre Partnerin bzw. Ihren Partner als Begünstigte ein-setzen. Sollten Sie sterben, wird der oder die Begünstigte so weniger Steuern bezahlen müssen. Denn die Steuern auf der Aus-zahlung eines Versicherungskapitals sind tiefer als die normale Erbschaftssteuern für nicht verwandte Personen (siehe Seite 214).

Haben Sie etwas zu vererben, planen Sie frühzeitig; mit Schenkungen zu Lebzeiten lassen sich Steuern sparen (siehe Seite 212).

Zahlungsprobleme und Delikte

Wo Menschen miteinander zu tun haben, kann es zu Missverständnissen oder Problemen kommen. Bei den Steuern kann dies unter Umständen teuer und zeitaufwendig sein. Und wer als Steuerzahler gar versucht, die Behörden übers Ohr zu hauen, und dabei erwischt wird, hat wenig zu lachen. Steuerhinterziehung und Steuerbetrug werden geahndet und können teuer zu stehen kommen.

Steuereinschätzung und Einsprache

Wer mit einem unangenehmen Thema zu tun hat, möchte es so rasch und problemlos wie möglich hinter sich bringen. Das klappt allerdings nicht immer. Es kann passieren, dass man den Termin für die Einreichung der Steuererklärung verpasst oder sie unvollständig abliefert. Zuerst wird einen die Behörde an die verpasste Frist oder die fehlenden Dokumente erinnern; wenn die Unterlagen dann noch immer nicht eingeschickt werden, wird man eingeschätzt – nach pflichtgemässem Ermessen. Die Steuerbehörde schätzt also, was die betreffende Person oder das Unternehmen an Einkommen oder Gewinn und an Vermögen haben dürfte, und stellt auf dieser Basis die Rechnung aus.

In vielen Fällen kommen Sie bei einer Einschätzung durch die Behörde schlechter weg, als wenn Sie selbst aktiv geworden wären – der Steuerbeamte wird kaum besonders grosszügig sein. Kommen Sie jedoch besser weg und stellt sich später doch noch heraus, dass die Einschätzung zu tief ausgefallen ist, werden Nachsteuern und eventuell auch Strafsteuern fällig.

Wenn Sie sehen, dass es knapp wird mit dem Einreichen der Steuererklärung, empfiehlt sich auf jeden Fall, frühzeitig ein Gesuch um Fristverlängerung einzureichen. Dieses wird, wenn Sie einen einleuchtenden Grund wie Krankheit, Überlastung im Geschäft oder grössere familiäre Probleme angeben, in der Regel anstandslos bewilligt. In den meisten Kantonen ist dies einfach und rasch per Internet möglich.

Die Steuererklärung wird abgeändert

Auch eine rechtzeitig und vollständig eingereichte Steuererklärung kann korrigiert werden, wenn der kontrollierende Beamte überzeugt ist, dass einzelne Positionen nicht der Wirklichkeit entsprechen. Er wird also sicher eingreifen, wenn jemand bei den persönlichen Angaben ein Kind aufführt, aber den Abzug für zwei Kinder vornimmt. Anderseits wird er durchaus auch korrigieren, wenn jemand zu eigenen Ungunsten einen Fehler gemacht, etwa den persönlichen Abzug vergessen hat.

Bekommen Sie die definitive Verfügung zugestellt, ist es deshalb ratsam, diese genau zu prüfen (siehe Kasten). Wird eine Steuer-

---

Die Steuerrechnung kontrollieren

Steuerbeamte sind auch nur Menschen und es können ihnen Fehler unterlaufen. Deshalb lohnt es sich, die Steuerrechnung und die Veranlagung zu prüfen. Dies betrifft weniger die Berechnungen als die Einträge; denn die Berechnungen werden von Computern vorgenommen, die Eintragungen dagegen aus den Formularen von Hand in den Computer getippt. Kontrollieren Sie also, ob folgende wichtigen Punkte korrekt sind bzw. übereinstimmen:

— Zahlen für das steuerbare Einkommen und Vermögen auf der Steuerrechnung, der Steuerveranlagung und der Steuererklärung
— Richtiger Steuersatz gemäss Ihrem Zivilstand
— Richtige Konfession
— Verrechnungssteuerbetrag auf der Steuerrechnung, der Steuerveranlagung und der Steuererklärung bzw. dem Wertschriftenverzeichnis
— Steuerperiode, wenn Sie nicht während des ganzen Jahres in der Schweiz gewohnt haben

Das sind die häufigsten Fehlerquellen; wenn diese Punkte korrekt sind, können Sie davon ausgehen, dass dies auch für die gesamte Rechnung gilt.

erklärung korrigiert, müssen die Änderungen gekennzeichnet und begründet werden.

Der Rechtsweg

Wer mit den Änderungen des Steuerbeamten nicht einverstanden ist, kann dagegen **Einsprache** erheben. Diese muss in den meisten Kantonen innert 30 Tagen eingereicht werden; am besten tun Sie das mit einem eingeschriebenen Brief. Darin stellen Sie einen Antrag und begründen, warum Sie mit den Korrekturen nicht einverstanden sind, und belegen dies wenn immer möglich mit Dokumenten.

Solche Einsprachen werden normalerweise von den Steuerbehörden aufgrund der vorgelegten Dokumente und Akten entschieden. Es ist allerdings zulässig, die Einsprache persönlich auf dem Steueramt zu begründen; wer dies möchte, muss es ausdrücklich verlangen. Bis die ganze Sache erledigt ist und Sie den **Einspracheentscheid** erhalten, kann es mehrere Monate dauern. Das Verfahren ist kostenlos.

Ist die Einsprachefrist abgelaufen, ist eine Wiederaufnahme des Verfahrens nur dann überhaupt noch möglich, wenn nachträglich wichtige Tatsachen zum Vorschein kommen, die vorher nicht bekannt waren. Fehler des Steuerbeamten genügen nicht als Begründung für eine Wiederaufnahme, denn diese waren ja bereits in der Verfügung enthalten und hätten in der normalen Frist entdeckt werden können. Eine solche **Revision** ist nicht mehr gratis.

Haben Sie eine Einsprache erhoben, die abgelehnt worden ist, können Sie bei der nächsten zuständigen Stelle – das ist in den meisten Kantonen das Verwaltungsgericht, kann aber auch eine eigene Steuerrekursinstanz sein – einen **Rekurs** einreichen. Auch dieser ist kostenpflichtig. Die Höhe der Kosten richtet sich nach der Höhe der Streitsumme und der Komplexität des Falles. Sie können 500, aber auch 5000 Franken und mehr betragen. Allenfalls müssen Sie neben den Gerichtskosten auch die eigenen Anwaltskosten bezahlen. Bekommen Sie Recht, erhalten Sie eine Entschädigung für die Anwaltskosten zugesprochen, die aber nicht unbedingt den vollen Betrag deckt.

Als allerletzte Möglichkeit bleibt Ihnen der Gang vors Bundesgericht – das ist aber sicher nur in absoluten Ausnahmefällen zu empfehlen.

Innert welcher Frist und wo Sie eine Einsprache oder einen Rekurs einreichen müssen, ist auf der Steuerverfügung bzw. auf dem Einspracheentscheid angegeben. Halten Sie sich unbedingt an diese Fristen, sonst verwirken Sie Ihr Recht.

Bevor Sie einen Rekurs einreichen, sollten Sie sich bei einer Rechtsanwältin oder einem Steuerberater über Ihre Chancen und die voraussichtlichen Kosten informieren. Dasselbe gilt natürlich für eine Beschwerde an das Verwaltungsgericht.

Zahlungsschwierigkeiten bewältigen

Es ist eine Binsenweisheit: Steuern zahlt niemand gern. Allerdings hat es keinen Sinn, sich etwas vorzumachen: Die nächste Steuerrechnung kommt bestimmt ins Haus geflattert.

Besonders für Leute mit kleinem Einkommen und ohne Vermögen kann es ein Problem sein, das Geld dafür zusammenzukriegen. Aber auch besser Gestellte sollten sich frühzeitig Gedanken darüber machen, wie sie die Rechnung bezahlen wollen. Die folgenden Tipps sollen Ihnen das Unangenehme erleichtern.

Planen Sie die Ausgabe auf jeden Fall in Ihr persönliches Budget ein, und vergessen Sie die Bundessteuer und – wenn nötig – auch den Wehrpflichtersatz nicht.

| Q | Rechnen Sie nicht einfach mit dem 13. Monatslohn – wenn Sie es sich leisten können. Wenn Sie das Geld für die Steuern während des Jahres in Teilbeträgen ansparen, haben Sie keine Probleme, falls Ende Jahr noch andere unvorhergesehene Rechnungen anstehen. Und im besten Fall haben Sie den Dreizehnten für angenehmere Ausgaben zur Verfügung. |

Eine gute Lösung ist es, regelmässig – zum Beispiel monatlich – einen Teilbetrag für die Steuern auf die Seite zu legen. Wie viel das ungefähr ist, wissen Sie vom letzten Jahr, zumindest wenn sich an Ihrer Situation nichts Grundlegendes verändert hat. Wenn Sie das Geld auf ein Bankkonto einzahlen – eventuell auf ein spezielles, das Sie nur dafür benützen –, wirft es sogar noch einen bescheidenen Zins ab.

Eine andere Möglichkeit besteht darin, die Steuern schon während des laufenden Jahres in Raten ans Steueramt zu überweisen. Das ist mindestens so attraktiv wie das Überweisen aufs Bankkonto, da das Steueramt Ihnen für frühzeitig eingezahltes Geld ebenfalls einen Zins vergütet. Dieser ist in der Regel höher als die Zinssätze von Privatkonten bei Banken. Allerdings haben Sie, anders als beim Bankkonto, keine Möglichkeit mehr, das Geld doch noch für etwas anderes auszugeben. Und auch der Zins wird Ihnen erst später vergütet, wenn die endgültige Abrechnung kommt.

Fristgerecht zu zahlen lohnt sich. Dafür gewährt das Steueramt in der Regel einen Skonto (Abzug). Wer zu spät zahlt, wird dagegen mit einem Verzugszins von bis zu 4 Prozent «bestraft». Diese Zinssätze sind auf ein Jahr gerechnet; für normale Steuerrechnungen und für Fristen von wenigen Monaten handelt es sich also um Beträge von höchstens hundert oder vielleicht zweihundert Franken. Beispiel: Sie haben eine Steuerrechnung von 10 000 Franken und überziehen den Zahlungstermin um vier Monate. Bei einem Verzugszins von 4 Prozent zahlen Sie für diese Frist 133 Franken (einen Drittel von 400 Franken).

Denken Sie daran, dass mit der ersten Steuerrechnung von der Gemeinde das Thema nicht vom Tisch ist. Die direkte Bundessteuer kommt auch noch.

Nachsteuern kommen zwar immer ungelegen, aber nie wirklich überraschend – nämlich immer nur dann, wenn man vorher zu wenig bezahlt hat. Gründe für eine Anpassung nach oben gibt es verschiedene: eine Lohnerhöhung, ein Stellenwechsel mit mehr Lohn, die neue Erwerbstätigkeit der Ehefrau, eine Erbschaft, ein Lottogewinn – kurz und ganz simpel: Immer, wenn Sie in einem Jahr deutlich mehr verdient haben als im Jahr zuvor, wird die Steuerrechnung höher ausfallen. Rechnen Sie also in einem solchen Fall von Anfang an damit!

Wenn die Nachsteuern trotzdem in einem Moment kommen, in dem Sie gerade nicht genügend Mittel flüssig haben, sollten Sie auf keinen Fall einen Kleinkredit aufnehmen. Der Grund ist einfach: Für einen Kleinkredit bezahlen Sie Zinsen bis zu 15 Prozent, das Steueramt hingegen berechnet nur den normalen Verzugszins (4 Prozent). Am besten nehmen Sie in einem solchen Fall sofort Kontakt mit dem Steueramt auf und versuchen, eine Stundung zu erwirken oder tragbare Ratenzahlungen zu vereinbaren. Grundsätzlich bieten die Steuerbehörden für solche Vereinbarungen durchaus Hand, wenn sie den Eindruck bekommen, dass ein Steuerschuldner wirklich gewillt ist, diese Raten zu bezahlen.

Wenn das alles nicht genügt, können Sie versuchen, einen Steuererlass zu erwirken. Allerdings sind die Chancen dafür sehr klein. Sie müssen nachweisen, dass Sie in einer echten Notlage stecken und wirklich nicht bezahlen können. Grundsätzlich werden solche Gesuche zuerst einmal abgewiesen; erst wenn es zu einer Betreibung kommt, werden die Unterlagen genauer geprüft. Ein kleiner Trost: Betrieben werden darf man nur bis zur Höhe des Existenzminimums, mehr können auch die Steuerbehörden nicht abholen.

Halb legal bis illegal

Hand aufs Herz: Wer hat nicht schon daran gedacht, die Erbschaft oder den Lottofünfer nicht anzugeben – es sind ja nur ein paar Tausend Franken und man zahlt ohnehin schon mehr als genug Steuern.

Natürlich muss das jede und jeder mit dem eigenen Gewissen vereinbaren können, doch Steuerhinterziehung und Steuerbetrug sind keine Kavaliersdelikte – obwohl die Strafbestimmungen für Steuerhinterziehung gelegentlich diesen Eindruck erwecken könnten. Völlig legal und immer wieder empfohlen – auch in diesem Buch – ist dagegen die Steueroptimierung oder Steuervermeidung. Das beinhaltet alles, womit Sie das geltende Recht zu Ihren Gunsten ausnützen, etwa indem Sie alle Abzüge vornehmen, die Ihnen zustehen, oder indem Sie in eine steuergünstigere Gemeinde umziehen.

Steuerhinterziehung und Steuerbetrug

Steuerbetrug und Steuerhinterziehung sind zwei verschiedene Delikte. **Steuerhinterziehung** bedeutet, dass jemand falsche, unvollständige oder gar keine Angaben über Einkommen und Vermögen macht. Strafbar machen sich dabei nicht nur diese Person selbst, sondern auch alle, die sie dazu anstiften oder dabei mithelfen. Zusätzlich wird zwischen versuchter und vollendeter Steuerhinterziehung unterschieden. Der Unterschied liegt darin, ob das Delikt vor oder nach der Veranlagung durch die Steuerbehörden entdeckt wird.

Roland M. besitzt ein Bankkonto in Luxemburg, das er in seiner Steuererklärung nicht deklariert. Bei der Prüfung der eingereichten Unterlagen kommt das Steueramt diesem Konto auf die Spur, Roland M. reicht auf Aufforderung die Auszüge nach und das Steueramt korrigiert die Zahlen. Das gilt als versuchte

Steuerhinterziehung. Wenn hingegen die Veranlagung rechtsgültig wird und die Steuerbehörden das Konto erst nachträglich entdecken, handelt es sich um vollendete Steuerhinterziehung.

Steuerbetrug begeht, wer für die Steuerhinterziehung gefälschte oder falsche Urkunden und Belege wie Lohnausweise oder Geschäftsbilanzen einreicht.

 Manuela R., Inhaberin einer Kommunikationsagentur als Einzelfirma, verbucht in ihrer Geschäftsrechnung grosszügig Privatreisen als beruflichen Aufwand. Damit weist sie einen tieferen Gewinn aus und zahlt weniger Steuern. Sie begeht Steuerbetrug, da sie dem Steueramt eine unrichtige Geschäftsbilanz vorlegt.

Die Delikte werden unterschiedlich bestraft: Die Busse für Steuerhinterziehung ist in der Regel so hoch wie die hinterzogene Steuer, im Maximum beträgt sie das Dreifache davon. Wer eine Steuerhinterziehung begangen hat und sich nachträglich reuig fühlt, kann sich selbst anzeigen, was sich mildernd auf die Strafe auswirkt. Die Verfolgung von Steuerhinterziehung ist Sache der Steuerbehörden.

Bei Steuerbetrug wird es dann schon teurer, hier ist die Höchststrafe eine Busse von 30 000 Franken oder gar Gefängnis. Als eigentliches Delikt wird Steuerbetrug zudem nicht von den Steuer-, sondern von den Strafbehörden geahndet und hat – wenn man verurteilt wird – einen Eintrag im Strafregister zur Folge.

 Anfang 2010 wird eine Mini-Steueramnestie in Kraft treten, mit der hinterzogenes Steuersubstrat in die Legalität zurückgeführt werden soll. Reuige Steuersünder, die nicht deklariertes Einkommen und Vermögen aus freien Stücken beim Steueramt melden, müssen zwar die Nachsteuern samt Verzugszinsen bezahlen. Aber die Busse von einem Fünftel der hinterzogenen Steuer wird ihnen erlassen. Diese straflose Selbstanzeige ist nur ein einziges Mal möglich. Gleichzeitig wird auch eine Amnestie für Erben eingeführt: Wer nicht deklarierte Gelder erbt und diese

Heikles Thema Bankgeheimnis

Die Unterscheidung zwischen Steuerhinterziehung und Steuerbetrug ist ein schweizerisches Unikum und existiert im Ausland nicht. Das führt denn auch seit Jahren immer wieder zu Reibereien auf höchster politischer Ebene, denn diese Unterscheidung ist bei der Auseinandersetzung um das Bankgeheimnis sehr wichtig. Da Steuerhinterziehung kein strafrechtlicher Tatbestand ist – sie wird nur von den Steuerbehörden und nicht von der Justiz geahndet –, hilft in solchen Fällen die Schweizer Strafverfolgungsbehörde ihren ausländischen Kollegen nicht. Gemäss den üblichen internationalen Regeln leisten die Amtsstellen eines Staates nur Rechtshilfe, wenn Delikte auch in diesem Staat strafbar sind. Konkret bedeutet das: Wenn Ausländerinnen und Ausländer ihr Geld auf einer Schweizer Bank anlegen und dann in ihrer Steuererklärung im Heimatland verheimlichen, gilt das Bankgeheimnis.

Anders bei Steuerbetrug: Da dieser auch in der Schweiz einen Straftatbestand darstellt, wird hier Rechtshilfe geleistet. Dasselbe gilt, wenn Geld auf Schweizer Banken liegt, das in Zusammenhang mit anderen Straftatbeständen wie organisierter Kriminalität oder Geldwäscherei gebracht wird. Dann leisten die Schweizer Justizbehörden selbstverständlich Rechtshilfe und auch die Banken sind mit dem Bankgeheimnis nicht ganz so strikt.

gegenüber dem Fiskus offenlegt, soll weniger Nachsteuern und Verzugszinsen bezahlen müssen.

Steuerumgehung

Schliesslich kennt das Gesetz auch den Begriff der Steuerumgehung. Damit ist das Ausnützen von bestimmten gesetzlichen Möglichkeiten gemeint, die grundsätzlich nicht für diese Situation geschaffen worden sind und nur aus steuerlichen Gründen angewendet werden. Das Bundesgericht sieht den Tatbestand der Steuerumgehung erfüllt,

— wenn eine rechtliche Konstruktion oder ein steuerlicher Vorgang «ungewöhnlich, sachwidrig oder absonderlich, jedenfalls den wirtschaftlichen Gegebenheiten völlig unangemessen erscheint»,

— wenn zudem anzunehmen ist, dass dies nur vorgenommen wurde, um Steuern zu sparen, «welche bei sachgemässer Ordnung der Verhältnisse geschuldet wären»,

— und wenn auf diese Weise tatsächlich Steuern gespart wurden.

Steuerumgehung ist nicht strafbar, aber die Behörde kann in einem solchen Fall die Steuererklärung korrigieren und den Betrag einfordern, den sie als angemessen erachtet. Was eine Steuerumgehung ist und wie sie geahndet wird, ist also zu einem schönen Teil eine Ermessensfrage.

Rolf C. schloss mit 86 Jahren eine Einmaleinlagen-Lebensversicherung ab, die ihm in den ersten zehn Jahren eine reduzierte und anschliessend eine höhere Rente auszahlen sollte. Dafür setzte er den grössten Teil seines Vermögens ein. Die Steuerbehörden argumentierten in diesem – realen – Fall, dass man hier nicht von einer sachgerechten Altersvorsorge sprechen könne. Wenn Rolf C. im Alter von 86 Jahren praktisch sein ganzes Vermögen (340 000 von 399 000 Franken) in eine auf zehn Jahre aufgeschobene Rente investiere, sei dies ungewöhnlich, sachwidrig und erscheine absonderlich, da er aller Wahrscheinlichkeit nach nicht so alt werde, dass er die höhere Rente beziehen könne. Es gehe ihm nur darum, die Vermögenssteuer massiv zu reduzieren und wegen des tieferen Rentensteuersatzes auch bei der Einkommenssteuer zu sparen. Damit sei der Tatbestand der Steuerumgehung erfüllt.

Steuern für Lohnabhängige

Wer angestellt ist, hat wenig Möglichkeiten, die Steuerrechnung zu beeinflussen. Umso wichtiger ist es deshalb, alle legalen Abzüge genau vorzunehmen. Dieses Kapitel erklärt die Abzugsmöglichkeiten für Angestellte in der Reihenfolge, wie sie auf der Steuererklärung erscheinen, und geht im letzten Abschnitt auch auf die Steuerfragen von Rentnern, Studentinnen und anderen Personen mit tiefem Einkommen ein.

Die verschiedenen Arten von Abzügen

In der Steuererklärung stehen den Einkünften die Abzüge gegenüber. Auch wenn sie für Lohnabhängige weniger ins Gewicht fallen als für Selbständige, lohnt es sich, sie möglichst gut auszunützen.

Abzüge haben verschiedene Formen und wurden auch aus verschiedenen Motiven in die Gesetzgebung aufgenommen. So unterscheidet man formal zwischen drei Arten von Abzügen, wobei diese Begriffe in der Steuererklärung und der Wegleitung nicht auftauchen:

— **Organische Abzüge:** Damit sind Auslagen gemeint, die «ursächlich mit den Einkünften verknüpft» sind. Mit diesen Abzügen will der Gesetzgeber die Steuerzahlerinnen und Steuerzahler zu einem Teil von denjenigen Kosten entlasten, die sie haben, damit sie überhaupt arbeiten und Geld verdienen können. Darunter fallen unter anderem Berufsauslagen und (bei Selbständigerwerbenden) Abschreibungen.

— **Allgemeine Abzüge:** Diese betreffen Kosten, die nur indirekt mit dem Arbeitseinkommen zu tun haben, beispielsweise Einzahlungen für die Altersvorsorge, Schuldzinsen, aber auch den Zweiverdienerabzug. Indem der Gesetzgeber hier steuerliche Erleichterungen schafft, hofft er, die wirtschaftliche Leistungsfähigkeit der Steuerzahlerinnen und Steuerzahler zu fördern.

— **Sozialabzüge:** Diese haben, wie es der Name sagt, eine soziale Funktion. Sie sind völlig unabhängig vom Einkommen. So kann jedermann für jedes Kind einen festen Betrag abziehen. In diese Kategorie gehören zudem die Abzüge für die Unterstützung von abhängigen Personen, für AHV-Rentner und der persönliche Abzug. Im Gegensatz zu den anderen müssen diese Abzüge auch nicht belegt werden.

Ein immer wieder heiss diskutierter Punkt ist der Unterschied in der Behandlung von Selbständigerwerbenden und Angestellten. Selbständige können wesentlich mehr Kosten in Abzug bringen als Lohnabhängige (siehe Seite 106). Der Grund dafür ist aber klar: Den Angestellten zahlt der Arbeitgeber einen grossen Teil der Auslagen, die sie für die Ausübung ihres Berufs brauchen, vom Arbeitsplatz über die Geräte bis zum Werkzeug oder Büromaterial. Und wenn er grosszügig ist, übernimmt er auch die Fahrt- und Essenskosten ganz oder teilweise. Selbständige hingegen müssen alle diese Aufwendungen aus der eigenen Tasche bzw. aus den Geschäftseinnahmen finanzieren. Und daneben haben sie Aufwände, die Angestellte überhaupt nie irgendwo auf einer Rechnung sehen, wie Werbekosten, Distributionskosten, Investitionen, Abschreibungen. Diese Posten bringt ja auch der Arbeitgeber in der eigenen Steuererklärung in Abzug; somit ist es nichts als logisch, dass Selbständigerwerbende sie ebenfalls verrechnen dürfen.

Abzüge für Normalverdiener

Rund 80 Prozent aller Erwerbstätigen in der Schweiz sind angestellt. Sie haben weniger Möglichkeiten für Steuerabzüge als Selbständigerwerbende; umso wichtiger ist es für sie, diese genau zu prüfen und voll auszuschöpfen.

Die Abzüge sind – wie so vieles im Steuerwesen – von Kanton zu Kanton verschieden. Die hier aufgelisteten Informationen können nicht alle Spezial- und Einzelfälle berücksichtigen. Es ist deshalb in jedem Fall wichtig, dass Sie die genauen Angaben für Ihre Situation aus Ihren aktuellen Unterlagen, also der Steuererklärung und der Wegleitung, übernehmen.

Abzüge für Berufsauslagen

Die Steuerbehörden gehen davon aus, dass auch Angestellte für die Ausübung ihrer Berufstätigkeit Unkosten haben, die ihnen der Arbeitgeber nicht oder nicht vollständig vergütet. Deshalb gestatten sie Abzüge für die Fahrt zum Arbeitsplatz, für die auswärtige Verpflegung, für Weiterbildung sowie einen allgemeinen Abzug. Arbeitslose können hier ihre Bewerbungskosten abziehen.

Übrige Berufsauslagen Der allgemeine Abzug deckt die Kosten für Berufskleider, Werkzeuge, Fachliteratur, Verbandsbeiträge, aber auch für die Benützung eines privaten Arbeitsraums zu Hause inklusive Beschaffung der nötigen Einrichtung. Dafür kann man eine von der Höhe des Lohns abhängige Pauschale ohne weitere Begründung einsetzen (siehe nebenstehende Tabelle).

Wenn Sie höhere Berufsauslagen haben, können Sie statt der Pauschale die tatsächlichen Kosten abziehen. Dazu müssen Sie diese separat auflisten und mit Belegen nachweisen. Aber aufgepasst: Sie müssen belegen können, dass Ihnen diese Berufsauslagen vom Arbeitgeber tatsächlich nicht vergütet werden!

Wer **zu Hause einen Arbeitsraum** hat, kann damit rasch Kosten haben, die über der Pauschale liegen. In diesem Fall dürfen alle Ausgaben angerechnet werden, zum Beispiel für Mobiliar, für Kauf, Ersatz und Unterhalt von Geräten wie Computern oder von Werkzeugen, die Reinigungskosten, Telekommunikationskosten sowie ein Mietanteil und der entsprechende Teil der Nebenkosten. Der Mietanteil pro Raum wird in der Regel folgendermassen berechnet: Höhe der Wohnungsmiete oder des Eigenmietwerts geteilt durch die Anzahl Zimmer plus zwei (Küche und Bad). Ein solches Büro darf dann allerdings nicht für weitere Zwecke – etwa als Bastel- oder Gästezimmer – benutzt werden.

Aufgepasst auch bei den Kosten für Geräte oder Mobiliar: Teurere Anschaffungen von mehreren Tausend Franken gelten als Investitionen, die über mindestens drei oder vier Jahre abgeschrieben werden müssen. Das heisst, Sie dürfen jedes Jahr nur den entsprechenden Teil der Anschaffungskosten als Abzug aufführen, nicht den ganzen Betrag auf einmal.

Der Abzug für einen Arbeitsraum zu Hause wird nur akzeptiert, wenn der Arbeitgeber keinen geeigneten Arbeitsplatz zur Verfügung stellt – und das ist selten der Fall; typisches Beispiel sind etwa Handelsreisende. Weitere Gründe dafür, dass Sie wirklich zu Hause einen solchen Arbeitsplatz brauchen, können beispielsweise sein, dass Sie oft ausserhalb der üblichen Zeiten arbeiten müssen oder dass die Arbeit am normalen Arbeitsplatz wegen bestimmter Umstände wie Lärm nicht zumutbar ist. Solche Begründungen wird der Steuerbeamte allerdings genau unter die Lupe nehmen, denn im Nor-

Pauschalbeträge für allgemeine Berufsauslagen

Steuerpflichtige mit Lohnausweis dürfen folgende Pauschalbeträge abziehen.

Bund, AG, BE, FR, GL, LU, NE, SH, SO, UR, TG VD, VS, ZG, ZH	3 % des Nettolohns, mindestens Fr. 1900.–, maximal Fr. 3800.–
AI	Fr. 1000.– Grundabzug plus 5 % des Nettolohns, maximal Fr. 5000.–
AR	Fr. 700.– Grundabzug plus 10 % des Nettolohns, maximal Fr. 2400.–
BL	Fr. 500.–
BS	Fr. 4000.–
GE	Fr. 600.– bis Fr. 1600.–
GR	10 % der Erwerbseinkünfte, mindestens Fr. 1200.–, maximal Fr. 3000.–
JU	20 % des Nettolohns, maximal Fr. 3600.–
NW	5 % des Nettolohns, maximal Fr. 7000.–
OW	10 % des Nettolohns, maximal Fr. 4100.–
SZ	20 % des Nettolohns, maximal Fr. 6600.–
SG	Fr. 700.– Grundabzug plus 10 % des Nettolohns, maximal Fr. 2400.–
TI	Fr. 2400.–

Quelle: Kantonale Steuerämter, 2008

malfall lässt sich kaum belegen, dass man als Angestellter nicht am eigentlichen Arbeitsplatz arbeiten kann.

Weitere Berufsabzüge Im Gegensatz zum allgemeinen pauschalen Abzug müssen weitere Abzüge für Berufsauslagen begründet und auf Verlangen belegt werden können. Dazu gehören:

— **Fahrt zum Arbeitsplatz:** Grundsätzlich dürfen die Kosten für die Fahrten zur Arbeit und wieder zurück vom Einkommen abgezogen werden – vorausgesetzt, der Arbeitsplatz ist nicht gleich um die Ecke; eine Minimaldistanz von ein bis zwei Kilometern muss es schon sein. Ausserdem geht die Steuerbehörde davon aus, dass man die öffentlichen Verkehrsmittel benützt; der Abzug entspricht deshalb den Kosten für die Benützung von Bahn oder Bus, zweite Klasse. Wer stattdessen die Autokosten abziehen will, muss dafür einen guten Grund angeben können. Ausnahmen werden vor allem in folgenden Fällen akzeptiert:
— wenn die Zeitersparnis mit dem Auto sehr gross ist, je nach Kanton eine bis eineinhalb Stunden täglich
— wenn es am Wohnort keine Haltestelle des öffentlichen Verkehrs gibt oder wenn diese sehr weit entfernt ist (meist mindestens einen Kilometer)
— wenn jemand krank, gebrechlich oder gehbehindert ist und ihm aus diesem Grund die Benützung des öffentlichen Verkehrs nicht zugemutet werden kann
— wenn jemand das Auto am Arbeitsplatz bzw. während der Arbeitszeit braucht
— wenn jemand unregelmässig arbeitet (Schicht- oder Nachtarbeit)

Wer auch die Kosten für die Heimfahrt zum Mittagessen abziehen will, darf höchstens so viel einsetzen, wie der Abzug für auswärtige Verpflegung beträgt.

— **Mehrkosten für auswärtige Verpflegung:** An sich können Essenskosten nicht abgezogen werden, denn sie gehören zu den normalen Lebenshaltungskosten. Hingegen haben Sie einen Anspruch auf Abzug der Mehrkosten, wenn Sie aus beruflichen Gründen nicht zu Hause essen können, sei es weil der Arbeitsweg zu weit oder die Pause zu kurz ist. Wenn der Arbeitgeber das Essen verbilligt – mit einer Betriebskantine oder mit Gutscheinen wie Lunch-Checks –, ist das in der Steuererklärung anzugeben. Dann ist nur der halbe Abzug erlaubt.

Sind Spesen steuerfrei?

Spesen gelten in der Volksmeinung als steuerfrei, das Steueramt hingegen betrachtet sie als Lohnbestandteile und somit steuerbar. Was gilt? Das Gesetz über die direkte Bundessteuer beispielsweise nennt als abziehbare Berufskosten:

— die notwendigen Kosten für Fahrten zum Arbeitsort
— die notwendigen Mehrkosten für auswärtige Verpflegung
— die übrigen für die Ausübung des Berufes erforderlichen Kosten
— die mit dem Beruf zusammenhängenden Weiterbildungs- und Umschulungskosten

Offen bleibt die Frage, was «notwendig» ist und was nicht. Besonders die Formulierung «die übrigen für die Ausübung des Berufs erforderlichen Kosten» bietet einigen Spielraum für Interpretationen, ausser wenn diese einem von den Steuerbehörden genehmigten Spesenreglement entsprechen. Auf dem Lohnausweis deklarierte Pauschalspesen werden jedenfalls zum Einkommen dazugerechnet. Wird dagegen eine Vergütung direkt als Ersatz für berufsnotwendige Auslagen bezahlt, ist diese steuerfrei, was allerdings bei Lohnabhängigen sicher die Ausnahme ist.

Und aufgepasst: Wer bereits grosszügig vom Arbeitgeber mit Pauschalspesen bedacht wird, die auf dem Lohnausweis deklariert sind, kann unter Umständen nicht mehr den vollen Abzug in der Steuererklärung vornehmen. Dies gilt vor allem bei den Kantonen, die hier grosszügiger sind als der Bund; sie lassen dann nur noch den Höchstabzug der direkten Bundessteuer zu.

— **Abzüge für Wochenaufenthalter:** Wer aus beruflichen Gründen während der Woche auswärts übernachtet und nur am Wochenende an seinem Steuerdomizil lebt, kann sich als Wochenaufenthalter anerkennen lassen: Allerdings muss man belegen können, dass die tägliche Heimfahrt wirklich nicht zumutbar ist. Dann dürfen für die Übernachtung die ortsüblichen Kosten für ein Zimmer abgezogen werden, dazu für Mahlzeiten 30 Franken pro Tag oder 6400 Franken pro Jahr. Für die Reise zwischen den beiden Orten sind in der Regel nur die Kosten für die öffentlichen Verkehrsmittel abzugsberechtigt; Ausnahmen müssen begründet werden.

— **Abzüge für Nebenerwerb:** Als Nebenerwerb gilt einerseits jede andere Tätigkeit neben dem Haupterwerb, für die man einen Lohn oder ein Honorar bekommt, anderseits aber auch die gelegentliche oder unregelmässige Arbeit einer Person, die keine Haupterwerbstätigkeit ausübt. Typisches Beispiel sind etwa Ehepaare, wenn der Mann eine Vollzeitstelle hat und die Frau gelegentlich arbeitet. Für Einkommen aus einer unselbständigen Nebenerwerbstätigkeit können Sie bei der direkten Bundessteuer und in den meisten Kantonen pauschal und ohne Ausgabenbelege 20 Prozent Ihrer Einkünfte abziehen (mindestens 800 Franken und maximal 2400 Franken). Beilegen müssen Sie den Lohnausweis für die Einkünfte, die Sie an der entsprechenden Stelle in der Steuererklärung deklariert haben. Auch hier ist es zulässig, statt der Pauschale die effektiven Ausgaben geltend zu machen – sofern Sie sie alle belegen können. Handelt es sich beim Nebenerwerb um eine selbständige Tätigkeit, müssen die Einnahmen und Ausgaben detailliert aufgelistet werden.

Kosten für Aus- und Weiterbildung Ausbildungskosten sind für die Veranlagungsbehörden normale Lebenshaltungskosten. Sie können daher steuerlich nicht geltend gemacht werden. Weiterbildungskosten dagegen haben direkt etwas mit der Berufstätigkeit zu tun, deshalb darf man sie abziehen. Wer den Computer verschmäht, um den Text hartnäckig auf der alten Hermes reinzuhacken, wird womöglich den Job verlieren. Er oder sie muss sich weiterbilden – und kann deshalb die Kosten für den Computerkurs vom steuerbaren Einkommen in Abzug bringen, sofern nicht der Arbeitgeber dafür aufkommt.

Ebenfalls abzugsfähig sind die Kosten für die Erlangung von Diplomen, welche die Karrierechancen erhöhen. Oft zitiert wird das Beispiel des Buchhalters, der sich zum eidgenössischen Experten für Rechnungslegung und Controlling ausbildet. Er kann die Kosten abziehen. Der Sekundarlehrer in der Midlife-Crisis dagegen, der sich nicht vorstellen kann, weitere 20 Jahre jeder Klasse wieder von den alten Griechen zu erzählen, wird die Aufwendungen für den Marketingplaner-Kurs steuerlich nicht absetzen können. Das gilt nicht als Weiterbildung, sondern als Ausbildung.

Eine ähnliche Erfahrung machte eine Pflegefachfrau, die sich zur Ärztin ausbilden lassen wollte. Weiterbildung oder Ausbildung? Der Richter entschied auf Ausbildung. Es handle sich um einen Berufswechsel. Dass die Entscheide der Steuerjuristen von einem Kanton zum anderen verschieden ausfallen können, zeigt folgendes Beispiel:

 Karl Z. aus Winterthur hatte in den USA den Lehrgang zum Master of Business Administration (MBA) abgeschlossen. Als er in der Steuererklärung 34 000 Franken für Studium und Flüge abziehen wollte, erhielt er vom kantonalen Steueramt Zürich einen negativen Bescheid. Die Begründung: «Solche Studiengänge sind als Fortsetzung der Grundausbildung zu betrachten und steuerlich nicht abzugsfähig.» Frustrierend für den Winterthurer, weil sein Studienkollege aus dem Kanton Graubünden die Kosten abziehen durfte. Bei den Bündnern ist Weiterbildung, was für die Zürcher Ausbildung ist.

Auf politischer Ebene sind Bestrebungen im Gang, diese Unterscheidung abzuschaffen. Nicht nur die Kosten für Weiterbildungen, die zu einer anspruchsvolleren Tätigkeit im angestammten Beruf befähigen, soll man abziehen können, sondern auch die Kosten für

Ausbildungen, die eine berufliche Neuorientierung ermöglichen. Dies beschloss im Sommer 2008 die Mehrheit der ständerätlichen Kommission für Wirtschaft und Abgaben (WAK). Die Kosten für die Erstausbildung sollen aber weiterhin nicht abziehbar sein; zudem wird auch eine betragsmässige Obergrenze festgelegt werden. Das alles ist jedoch erst Zukunftsmusik.

Allgemeine Abzüge

Die allgemeinen Abzüge haben anders als die Berufsabzüge nicht direkt mit der Erwerbstätigkeit zu tun, aber sie sind im Gegensatz zu den Sozialabzügen dennoch vom Einkommen bzw. von der wirtschaftlichen Leistungsfähigkeit abhängig.

Private Schuldzinsen Zu den Schuldzinsen gehören in erste Linie die Zinsen für Hypotheken, daneben aber auch die Zinsen für alle anderen Kredite wie Kleinkredite, Geschäftskredite oder private Darlehen von Bekannten. Die Schulden müssen mit Namen und Adressen der Gläubiger aufgelistet werden. Der höchstzulässige Abzug entspricht dem Vermögensertrag inklusive Eigenmietwert plus 50 000 Franken.

> **Franz U. hat 500 000 Franken Vermögen**, das ihm alles in allem einen Jahresertrag von 20 000 Franken bringt. Er darf maximal 70 000 Franken für Schuldzinsen abziehen. Lena H., die kein Vermögen versteuert, kann höchstens 50 000 Franken geltend machen.

Baukreditzinsen, mit denen ein Um- oder Neubau finanziert wird, dürfen beim Bund und in vielen Kantonen (Appenzell IR, Basel-Stadt, Freiburg, Glarus, Graubünden, Neuenburg, Uri, Waadt) nicht abgezogen werden, da sie nicht der Erhaltung des Wohnobjekts dienen, sondern eine Investition darstellen. In einigen Kantonen (Aargau, Appenzell AR, Bern, Wallis, Zug, Zürich für Privatliegen-

schaften) sind sie dagegen abzugsfähig. Nochmals andere Kantone
kennen Spezialregelungen.

Beiträge an die gebundene Selbstvorsorge und die Pensionskasse Beiträge an die Säule 3a können bis zu folgenden Maximalbeträgen vom Einkommen abgezogen werden:

— Erwerbstätige mit Pensionskasse: 6365 Franken für das Jahr
2008, ab 2009 6566 Franken

— Erwerbstätige ohne Pensionskasse (das sind einerseits die
meisten Selbständigerwerbenden, anderseits Leute, die nicht
BVG-versichert sind, weil sie ein zu tiefes Einkommen haben):
20 Prozent des Einkommens, maximal 31 824 Franken für das
Jahr 2008, ab 2009 32 832 Franken

Auch Einkäufe in die Pensionskasse sind abzugsfähig, allerdings
nur bis zu einer bestimmten Höhe. Erkundigen Sie sich bei Ihrer
Pensionskasse (mehr zur Altersvorsorge in Kapitel 9, Seite 181).

Q Sind Mann und Frau berufstätig, können beide in ein
Konto oder eine Police der Säule 3a einzahlen und die entsprechenden Abzüge vornehmen.

Abzüge für weitere Versicherungsprämien Unter diesem
Punkt können weitere Versicherungsprämien abgezogen werden;
das betrifft vor allem die Krankenkasse sowie Lebensversicherungen
oder zusätzliche Unfallversicherungen. Der Höchstbetrag ist unterschiedlich, je nachdem ob Sie bereits Abzüge für die 2. Säule und die
Säule 3a vorgenommen haben, und liegt je nach Kanton bei rund
2000 bis 4000 Franken. Ehepaare können jeweils das Doppelte abziehen; dazu kommt ein weiterer Abzug pro Kind. Nicht abgezogen
werden dürfen private Versicherungsprämien etwa für Auto-, Hausrat- oder Diebstahlversicherungen.

Schöpfen Sie die Höchstbeträge nicht aus – was allerdings mit
den heutigen Krankenkassenprämien selten der Fall ist –, können

Sie hier auch noch Zinsen von Sparkapitalien abziehen. Diese Kombination ist zwar nicht gerade logisch – die Versicherungsprämien muss man bezahlen, die Zinsen bekommt man ausbezahlt –, aber historisch bedingt. Der Gesetzgeber wollte unter diesem Punkt allgemeine Vorsorgemassnahmen mittels Versicherungen und Sparanlagen steuerlich begünstigen.

Krankheitskosten Krankheitskosten, die Sie selbst bezahlt haben – also die Franchise, den Selbstbehalt sowie Rechnungen, die Ihre Krankenkasse nicht übernommen hat (zum Beispiel Zahnarztkosten) –, dürfen Sie ebenfalls abziehen. Natürlich müssen Sie diese Ausgaben belegen; zudem sind sie beim Bund und in fast allen Kantonen erst abzugsberechtigt, wenn sie einen Selbstbehalt von 5 Prozent des Reineinkommens übersteigen. Einzige Ausnahme ist der Kanton Baselland, der die ganzen Krankheitskosten zum Abzug zulässt.

Aufgrund des neuen Behindertengleichstellungsgesetzes dürfen auch Kosten von der Steuer abgezogen werden, die als Folge einer Behinderung entstehen und weder Lebenshaltungs- noch Luxusausgaben darstellen.

Abzüge für gemeinnützige Zwecke und für politische Parteien

Beiträge an gemeinnützige Organisationen wie das Rote Kreuz, kirchliche Institutionen oder Stiftungen sind abzugsfähig, wenn die bedachte Organisation als gemeinnützig anerkannt ist. Der Maximalbetrag ist von Kanton zu Kanton sehr unterschiedlich; er reicht von 1 bis 20 Prozent des Einkommens. Für die direkte Bundessteuer wird ein Höchstbetrag von 10 Prozent des steuerbaren Einkommens akzeptiert, wenn die gesamten Beiträge mindestens 100 Franken ausmachen.

Mitgliederbeiträge und Spenden an politische Parteien sind in vielen Kantonen in diesen Höchstbeträgen inbegriffen oder werden gar nicht akzeptiert. Wenn sie abzugsfähig sind, dann nur an Parteien, die im kantonalen Parlament vertreten sind. Im Steuerharmonisierungsgesetz ist dieser Abzug allerdings nicht vorgesehen.

Mit dem 2006 in Kraft getretenen neuen Stiftungsrecht dürfen zudem bis zu 20 Prozent des Reineinkommens von den Steuern abgezogen werden, wenn sie einer gemeinnützigen Stiftung gespendet werden.

Abzüge für Zweiverdiener-Ehepaare Sind Mann und Frau beide erwerbstätig, können sie einen besonderen Abzug vornehmen. Bis Ende 2007 galt bei der direkten Bundessteuer ein fixer Abzug von 7600 Franken. Das ist heute anders: Neu beträgt der Abzug 50 Prozent des niedrigeren Einkommens der beiden Eheleute, maximal 12 500 Franken. Zusätzlich wurde ein Verheiratetenabzug von 2500 Franken für alle Ehepaare eingeführt. Diese Änderung ist ein Teil der Sofortmassnahmen, um die Diskriminierung von Zweiverdiener-Ehepaaren gegenüber Zweiverdiener-Konkubinatspaaren zu mildern. Die Sofortmassnahmen sind am 1. Januar 2008 in Kraft getreten.

Sozialabzüge: für alle Steuerpflichtigen

Die Sozialabzüge sind als einzige völlig unabhängig von Einkommen und Vermögen; es sind Abzüge für jeden Mann, jede Frau und jede Familie. Ihr Zweck ist zum einen ein gewisser Ausgleich zwischen den verschiedenen Einkommensklassen, indem sie für Arme und Reiche genau gleich hoch sind, zum andern sollen Familien und ältere Personen entlastet werden. In der Steuererklärung sind sie nach dem Punkt Reineinkommen (Einkünfte minus Berufs- und allgemeine Abzüge) aufgelistet.

Die persönlichen Abzüge Die persönlichen Abzüge sind für zusammenlebende Verheiratete und für Alleinstehende unterschiedlich hoch; bei letzteren wird zusätzlich berücksichtigt, ob sie Kinder im eigenen Haushalt aufziehen oder nicht. Bei kaum einem andern Abzug sind die Differenzen von Kanton zu Kanton so gross wie hier: Die Spannweite reicht beispielsweise bei den Abzügen für Verheiratete von 0 bis 35 000 Franken, bei Alleinstehenden ohne Kinder von 0 bis 18 000 Franken. Einzelne Kantone kennen das Splitting für Verheiratete (siehe Seite 120) und erlauben ihnen deshalb keinen besonderen Abzug, andere setzen keine absolute, sondern eine prozentuale Höchstgrenze im Verhältnis zum Einkommen fest.

Ein zusätzlicher Abzug wird gewährt für jedes Kind. Hier sind die Unterschiede weniger gross, die Spannweite reicht immerhin noch von 750 bis 10 900 Franken. Der Bund liegt mit 6100 Franken im oberen Mittelfeld.

Eine Zusammenstellung der persönlichen Abzüge und der Kinderabzüge beim Bund und in den Kantonen finden Sie im Anhang (Seite 223).

Abzüge für unterstützte Personen Wer eine oder mehrere andere Personen ausser den eigenen Kindern und der Ehefrau bzw. dem Ehemann unterstützt, also massgeblich zu ihrem Lebensunterhalt beiträgt, kann dafür je nach Kanton einen Betrag zwischen 700 und 10 900 Franken abziehen. Der Bund liegt mit 6100 Franken im oberen Mittelfeld.

Abzüge für Kinderbetreuung Die meisten Kantone gewähren Verheirateten einen Steuerabzug für die Kinderbetreuung, wenn beide Eltern arbeiten – allerdings nur, wenn das Ehepaar in ungetrennter Ehe lebt. Akzeptiert wird dieser Abzug auch, wenn der Vater oder die Mutter invalid ist und deshalb die Kinder nicht betreuen kann oder wenn nur noch ein Elternteil lebt und wegen seiner Berufstätigkeit oder Invalidität die Kinder nicht betreuen kann. Er beträgt meist 2000 bis 3000 Franken.

Abzüge für AHV-Rentner, invalide oder arbeitsunfähige Personen Einige Kantone gewähren den Bezügerinnen und Bezügern von AHV- und IV-Renten Rabatte von bis zu 9900 Franken. Keine solchen Abzüge sind bei der direkten Bundessteuer möglich (siehe Seite 95).

Übrige Sozialabzüge Die Kantone Aargau, Bern, Freiburg, Neuenburg, Schaffhausen, Uri und Waadt gewähren Personen mit besonders tiefen Einkommen Abzüge; die Kantone Waadt und Zug erlauben Mieterinnen und Mietern einen besonderen Abzug. Beide Abzüge sind bei der direkten Bundessteuer nicht zulässig.

Besondere Regeln für Bessergestellte und Kaderleute

Besserverdienende zahlen zwar mehr Steuern, haben aber auch mehr Sparmöglichkeiten als Normalverdiener. Besonders attraktiv sind Einzahlungen in die 2. und 3. Säule; diese werden in Kapitel 9 ausführlich behandelt.

Daneben gibt es auch die Möglichkeit, sich einen Teil des Lohns als Spesen auszahlen zu lassen oder als Sachleistung zu beziehen; Dienstautos sind ein typisches Beispiel dafür. Mit dem neuen Lohnausweis muss man sich dafür allerdings einen höheren Anteil als bisher an den Lohn anrechnen lassen: Pro Monat müssen 0,8 Prozent des Neupreises als Einkommensteil deklariert werden; das kann bei einem teuren Wagen durchaus ins Geld gehen.

Spesen und Sachleistungen: steuerfrei oder nicht?

In diesem Punkt sind sich die Steuerzahlerinnen und Steuerzahler einerseits und die Beamten der Steuerämter nicht einig: Nach landläufiger Ansicht sind Spesen steuerfrei, das Steueramt betrachtet Spesen jedoch grundsätzlich als steuerpflichtige Lohnbestandteile.

Klar ist die Sache dann, wenn ein bestimmter Betrag direkt für einen berufsbedingten Zweck ausbezahlt worden ist. Beispielsweise wenn jemand einen Geschäftspartner zum Mittagessen einlädt und dafür die Kosten für das Restaurant vergütet bekommt; diese Vergütung gilt steuerlich als «Auslagenersatz». Allerdings muss man das dann auch belegen können.

Anderseits kennen viele Unternehmen – besonders für Kaderleute – Pauschalspesen, die ohne Begründung und Belege bezahlt werden; in hohen Positionen kann das durchaus mehrere Tausend Franken pro Monat ausmachen. Diese Praxis hat für beide Seiten Vorteile: Der Empfänger zahlt dafür (vielleicht) keine Steuern, und er wie auch das Unternehmen sparen sich auf diesen Beträgen die Sozialversicherungsbeiträge.

Die Steuerbehörde allerdings ist da sehr aufmerksam; sie betrachtet solche Zahlungen – wie auch die anderen Vergütungen – als Lohnbestandteil und wird sie zum Einkommen dazurechnen, wenn ihr Wert unverhältnismässig hoch ist. Genaue Vorschriften, was noch akzeptiert wird und was nicht, gibt es nicht. Solche Fälle sind meist Verhandlungssache; es geht vor allem um folgende Posten:

— **Dienstauto:** Wird im Lohnausweis deklariert.

— **Reisespesen und -vergünstigungen:** Kommen Familienmitglieder oder andere Bekannte auf Geschäftsreisen mit, gelten ihre Auslagen nicht als Geschäftsspesen.

— **Haus oder Wohnung** zu besonders günstigen Konditionen oder sogar gratis

- **Gratisferien**, zum Beispiel in Häusern oder Wohnungen, die der Firma gehören
- **Abonnemente** von Zeitungen und Zeitschriften
- Beiträge an **Prämien** für private Versicherungen und Krankenkasse
- Vergünstigungen für **Freizeitaktivitäten** wie Beiträge für Sportklubs, Eintritte in Tennis- oder Golfanlagen, Konzert- und Theaterkarten
- **Benützung des Sekretariats** für private Zwecke, beispielsweise für ein politisches Amt oder eine Vereinstätigkeit
- Beiträge an die privaten Telefon- und sonstigen **Kommunikationskosten**
- **Weitere Leistungen** wie Firmenkreditkarte, vergünstigte Firmenwaren, Bezahlung von privaten Kurskosten und vieles mehr

Kaum Probleme gibt es dann, wenn ein Unternehmen sein Spesenreglement der Steuerbehörde vorgelegt und diese es genehmigt hat. Vorausgesetzt natürlich, dass die ausbezahlten und deklarierten Spesen auch wirklich diesem Reglement entsprechen.

Wollen Sie Probleme mit den Spesen vermeiden, sammeln Sie am besten Belege, um zu beweisen, dass die Ausgaben tatsächlich für berufsbedingte Aufwendungen getätigt wurden. Hilfreich ist auch, wenn das Unternehmen ein Spesenreglement hat, das die Art und Höhe der Spesen beziffert und der Steuererklärung beigelegt werden kann.

Rentner, Studierende und tiefe Einkommen

Wer wenig oder gar nichts verdient, würde natürlich am liebsten auch keine Steuern bezahlen. Dies ist nicht unbedingt der Fall. So sind die AHV-Renten zu 100 Prozent steuerpflichtig, dasselbe gilt auch für andere Renten. Und in einigen Kantonen müssen alle volljährigen Personen, ob sie nun ein Einkommen erzielen oder nicht, mindestens die Personalsteuer bezahlen.

Renten der AHV, der Kranken- und Unfallversicherung

Das gab in jüngerer Vergangenheit einiges zu reden: Seit Ende 2001 die Übergangsfrist des Steuerharmonisierungsgesetzes abgelaufen ist, müssen die AHV-Renten in allen Kantonen und beim Bund zu 100 Prozent versteuert werden. Das bedeutete für viele Schweizerinnen und Schweizer zum Teil massiv höhere Steuern. Nach wie vor steuerfrei sind AHV-Leistungen, die an Bezügerinnen und Bezüger im Ausland ausgezahlt werden.

Die Begründung für diese Neuregelung: AHV-Beiträge könnten, wenn sie bezahlt werden, in der Steuererklärung voll abgezogen werden. Auch seien es heute nicht mehr in erster Linie die älteren Menschen, die wenig Geld zu Verfügung hätten.

Wie auch immer, AHV-Renten müssen versteuert werden. Anders verhält es sich aber mit den Ergänzungleistungen: Diese Zusatzzahlungen an schlecht gestellte AHV- und IV-Rentner sind steuerfrei. Zudem kennen viele Kantone besondere Abzüge für AHV-Rentner, invalide und arbeitsunfähige Steuerpflichtige. Auch Renten der Unfallversicherung (SUVA) sowie Taggelder der Krankenkasse sind steuerpflichtig (Kapitalleistungen der SUVA werden analog zu Kapitalauszahlungen der 2. Säule besteuert, siehe Seite 186). Als Aus-

Abzüge für AHV-Rentner, invalide und arbeitsunfähige Steuerpflichtige

	Alleinstehend	Verheiratet	Bemerkungen
Bund, AI, AR, BE, GR, LU, NE, OW, SG, UR, VS, ZH			
AG	Fr. 3000.–	Fr. 3000.–	Soweit behinderungsbedingte Kosten geltend gemacht werden, entfällt der Abzug.
BL	Fr. 0.– bis 7000.–	Fr. 0.– bis 7000.–	Abhängig vom Einkommen und Vermögen
BS	Fr. 3300.–		Zusätzlich Abzug von Fr. 500.– vom Einkommenssteuerbetrag für AHV- oder IV-Rentner. Der Abzug reduziert sich jährlich um Fr. 50.–, letztmals wird es für 2008 einen Abzug von Fr. 100.– geben.
FR	Fr. 0.– bis 7700.–	Fr. 0.– bis 9900.–	Abhängig vom Einkommen
GE			Steuerrabatt im Verhältnis zur persönlichen Situation
GL	Fr. 3500.– bis 4500.–	Fr. 3500.– bis 4500.–	Für Einkommen unter Fr. 35 000.– und steuerbare Vermögen unter Fr. 301 000.–
JU	Fr. 0 .– bis 7900.–	Fr. 0 .– bis 9200.–	Abhängig vom Einkommen
NW	Fr. 3500.–		Nur für alleinstehende Personen über 65 Jahren, abhängig vom Einkommen
SH	Fr. 0.– bis 4500.–	Fr. 0.– bis 9000.–	Abhängig vom Einkommen
SO	Fr. 0.– bis 5000.–	Fr. 0.– bis 5000.–	Abhängig vom Einkommen
SZ	Fr. 3000.–	Fr. 6000.–	

Alleinstehend	Verheiratet	Bemerkungen
TG	Fr. 0.– bis 4000.–	Fr. 0.– bis 4000.–	Abhängig vom Einkommen
TI	Fr. 0.– bis 8000.–	Fr. 0.– bis 8000.–	Abhängig vom Einkommen
VD			Abzug für bescheidene Einkommen
ZG	Fr. 3100.– bzw. Fr. 1600.–	Fr. 3100.– bzw. Fr. 1600.–	Fr. 3100.– bei Einkommen bis Fr. 31 000.– und Ver- mögen bis Fr. 259 000.–; Fr. 1600.– bei Einkommen bis Fr. 52 000.– und Ver- mögen bis Fr. 259 000.–

Quelle: Kantonale Steuerämter 2008 / TaxWare by Five Informatik

gleich darf man aber die Krankheitskosten, die nicht von der Krankenkasse vergütet werden, in der Steuererklärung abziehen.

Renten, die von der begünstigten Person zu hundert Prozent selbst finanziert worden sind, werden zu 40 Prozent besteuert (siehe Seite 199).

Krankheits-, Unfall- und Heimkosten

Wer krank ist oder einen Unfall erlitten hat, kann die Auslagen dafür – in der Regel nach Abzug eines prozentualen Selbstbehalts – in der Steuererklärung abziehen (siehe Seite 88). Dasselbe gilt für die Zahnarztrechnung und die Kosten eines Heimaufenthalts. Zu den abzugsberechtigten Auslagen gehören sowohl Arzt- und Spitalbehandlungskosten als auch Medikamentenkosten, die Auslagen für zusätzlichen Pflegeaufwand oder die Kosten für sogenannte Hilfsmittel, vom invalidengerechten Auto über den Rollstuhl bis zum Hörgerät. Kosten für Luxusbehandlungen und alles, was nicht direkt mit der Krankheit oder den Folgen des Unfalls zusammenhängt, sind selbstverständlich davon ausgeschlossen.

Ursula G. braucht eine neue Brille. Die Designerbrille, die ihr am besten gefällt, kostet doppelt so viel wie ein normales Modell. In diesem Fall sind nur die Kosten für das normale Modell anrechenbar. Möchte Frau G. die Designerbrille haben, kann sie den Mehrpreis nicht abziehen.

Das betrifft allerdings nur den Teil der Ausgaben, der nicht von einer Versicherung gedeckt ist, und der Höchstbetrag bemisst sich im Verhältnis zum Einkommen. Bei der direkten Bundessteuer und in fast allen Kantonen wird ein Selbstbehalt von 5 Prozent des Reineinkommens berechnet (Baselland lässt den Abzug der vollen Krankheitskosten zu). Und natürlich muss, wer solche Kosten abziehen will, diese gegenüber dem Steueramt belegen.

Studierende und Stipendien

Stipendien sind grundsätzlich steuerfrei, allerdings machen einige Kantone Einschränkungen etwa in dem Sinn, dass die Zahlungen nur zur Deckung der Ausbildungs- und Lebenshaltungskosten dienen dürfen und nicht etwa zur Bildung von Vermögen (Aargau, Baselland und Graubünden). In anderen Kantonen müssen die Stipendien mit dem Kinderabzug (Appenzell AR) bzw. mit dem Abzug für Ausbildungskosten (Uri) verrechnet werden.

Studierende, die kein Einkommen haben, erhalten dennoch eine Steuererklärung zugeschickt, sofern sie älter als 18 Jahre sind. Allerdings brauchen sie diese nicht komplett auszufüllen; es genügt, sie zurückzuschicken mit dem Hinweis, dass man studiert und kein Einkommen hat. Einige Kantone kennen eine Personalsteuer, die auch volljährige Personen ohne Einkommen bezahlen müssen. Sie beläuft sich auf wenige zehn Franken.

Besitzen Sie als Studierender ohne Einkommen Sparkonten oder Wertschriften, füllen Sie mindestens das Wertschriftenverzeichnis aus, um die Verrechnungssteuer zurückzufordern.

Steuern für Selbständige

Für Selbständigerwerbende hat die Steuererklärung generell einen höheren Stellenwert als für Angestellte. Denn sie besitzen punkto Steuern mehr Optimierungs- und Gestaltungsmöglichkeiten. Die Unternehmenssteuerreform II bringt vor allem für die kleinen und mittleren Unternehmen einiges an steuerlichen Entlastungen.

Selbständigkeit
hat Vor- und Nachteile

Selbständigkeit hat ihre Vor- und Nachteile – nicht nur bei den Steuern, aber gewiss auch hier. Zum einen können Selbständige wesentlich mehr Abzüge vornehmen als Angestellte – wobei damit allerdings keineswegs gesagt ist, dass sie deshalb unter dem Strich auch mehr verdienen –, zum andern müssen sie dafür einen wesentlich grösseren Aufwand betreiben. Denn die Abzüge müssen alle begründet und belegt werden.

Eintrag im Handelsregister

Wer selbständig tätig ist und einen Jahresumsatz von 100 000 Franken oder mehr erzielt, ist verpflichtet, seine Firma im Handelsregister eintragen zu lassen. Dieser Eintrag kostet einige Hundert Franken. Ob eine Firma im Handelsregister eingetragen ist oder nicht, macht keinen grossen Unterschied. Eingetragene Firmen sind aber verpflichtet, eine ordentliche Buchhaltung nach kaufmännischen Grundsätzen zu führen, die jederzeit die Vermögenslage des Unternehmens inklusive Guthaben, Forderungen und Jahresergebnisse zeigt. Zudem verleiht der Eintrag dem Unternehmen sicher eine gewisse Seriosität und Glaubwürdigkeit. Rechtlich von Bedeutung ist der Eintrag schliesslich im Konkursfall, da eine Firma anders behandelt wird, je nachdem ob sie im Handelsregister eingetragen ist oder nicht.

Selbständigkeit beweisen

Als selbständig kann man sich nicht einfach selbst deklarieren, dafür müssen bestimmte Voraussetzungen erfüllt sein. Wenig Probleme haben Inhaber von Betrieben sowie die klassischen und traditionellen Freiberuflichen wie Ärzte, Architektinnen, Ingenieure,

Künstlerinnen oder auch Bauern. Anders ist die Situation für Beraterinnen und Anbieter von Dienstleistungen etwa in der Computerbranche oder in sozialen Berufen. In diesen Branchen kommt es immer wieder vor, dass «Selbständigerwerbende» nur für einen einzigen Auftraggeber arbeiten und damit von diesem völlig abhängig sind. Für eine Freiheit, die oft nur auf dem Papier steht, verzichten sie auf Sozialversicherungsbeiträge, bezahlte Ferien, Lohn bei Krankheit und weitere Leistungen.

Die Steuerbehörden jedoch und vor allem die AHV prüfen genau, ob ein als selbständig deklarierter Auftragnehmer nicht eigentlich Lohnabhängiger sei. Folgende Kriterien müssen erfüllt sein, damit eine selbständige Erwerbstätigkeit anerkannt wird:

— Aufträge von verschiedenen Kunden bzw. Auftraggebern

— Eigene Geschäftsräume, eigene Einrichtungen und Arbeitsmittel

— Unabhängigkeit in der Arbeitsorganisation

— Unternehmerisches Risiko bei der selbständigen Person

— Eventuell Beschäftigung von Personal

Die saubere Buchhaltung

Wichtig: Selbständige müssen auf jeden Fall eine saubere Buchhaltung führen. Zwar gibt es keine gesetzlichen Bestimmungen, wie diese genau auszusehen hat, wohl aber verbindliche allgemeine Grundsätze.

Wer sein Unternehmen – sei es aufgrund der Vorschriften oder freiwillig – im Handelsregister eingetragen hat, muss folgende Regeln und Bestimmungen einhalten:

— Die Buchungen müssen chronologisch, also in zeitlich richtiger Folge, aufgeführt sein.

— Die Eintragungen müssen mit Quittungen belegt werden, und zwar so, dass klar ersichtlich ist, welche Ausgabe oder Einnahme mit welcher Quittung zusammenhängt. Der Grund einer Ausgabe (und deren Empfänger) oder Einnahme muss ebenfalls klar ersichtlich sein.

— Es ist nicht gestattet, Buchungen nachträglich zu verändern oder zu korrigieren, etwa zu radieren oder mit Tipp-Ex zu löschen und anschliessend zu überschreiben. Falsche Buchungen müssen mit Korrekturbuchungen ausgeglichen werden.

— Einnahmen und Ausgaben wie auch Aktiven und Passiven dürfen nicht bereits für die Buchung gegeneinander aufgerechnet, sondern müssen immer separat aufgeführt werden. Wer beispielsweise für einen Auftrag 10 000 Franken kassiert, aber 5000 davon einem Unterlieferanten gezahlt hat, muss beide Posten als Einnahme bzw. Ausgabe verbuchen und darf nicht bloss die 5000 Franken Differenz als Einnahme aufführen. Das «vereinfachte» Vorgehen würde nämlich unter anderem die Mehrwertsteuer und die Sozialabgaben vermindern.

— Die Einträge müssen auf festgelegte Konten verbucht werden, sodass ersichtlich ist, welche gleichartigen Buchungen zusammengehören. Am besten wird eine bestehende Vorlage verwendet, beispielsweise der «Kontenrahmen KMU», ein Raster, der seit fast 50 Jahren in sehr vielen kleinen und mittleren Betrieben in der Schweiz eingesetzt wird.

— Die Buchhaltung muss zweckmässig und übersichtlich sein.

— Selbstverständlich muss die Buchhaltung auch korrekt sein, das heisst beispielsweise, dass die Buchungen und die Berechnungen stimmen und in der richtigen Rechnungsperiode verbucht sind und dass alles verbucht wird.

Wenn Sie als Selbständigerwerbender keine solche kaufmännische Buchhaltung führen müssen, sollten Sie immerhin folgende Punkte beachten:

— Die Einnahmen und Ausgaben müssen korrekt, vollständig und in richtiger zeitlicher Reihenfolge in einem Kassa- oder Kontobuch notiert sein.

— Zahlungen und Zahlungseingänge sollten mit Datum und Namen des Empfängers bzw. Einzahlenden versehen sein.

— Vermögenswerte wie Werkzeuge und Einrichtungen oder Warenvorräte sollten übersichtlich aufgeführt sein.

— Für alle Selbständigen gilt im Übrigen, dass sie private und geschäftliche Buchungen und Vorgänge sauber trennen und dass sie ihre Buchhaltung samt Belegen und dazugehörenden Dokumenten während zehn Jahren aufbewahren müssen.

Wer sich nicht an diese Regeln hält, riskiert, dass das Steueramt die Buchhaltung nicht akzeptiert und den oder die Steuerpflichtige nach Ermessen einschätzt.

Überlegen Sie sich als Selbständigerwerbender, eine Fachperson für die Steuererklärung beizuziehen. Die Kosten dafür bewegen sich in der Grössenordnung von 1000 bis 1500 Franken für einen Kleinstbetrieb (siehe auch Seite 41). Unterläuft Ihnen wegen Unkenntnis der Vorschriften oder Unachtsamkeit ein Fehler, kann das rasch höhere Beträge ausmachen. Und nur schon längere Diskussionen mit dem Steueramt wegen missverständlicher Angaben können Sie so viel Zeit und Energie kosten, dass es Sie unter dem Strich ebenfalls teurer zu stehen kommt. Nicht zu unterschätzen ist schliesslich die Tatsache, dass ein externer Steuerberater oder eine Treuhänderin gerade Neueinsteiger in die Selbständigkeit auch bei anderen geschäftlichen Fragen unterstützen können.

Die Buchhaltung muss plausibel sein

Klar, der Steuerbeamte kann nicht darüber entscheiden, ob ein Kleinunternehmer zu Recht ein zweites Auto kauft und den Abschreibungsbetrag dafür abzieht. Doch die Behörden haben sehr wohl Möglichkeiten, Geschäftsabschlüsse und Steuererklärungen zu überprüfen. Dazu vergleichen sie die Angaben mit Erfahrungswerten von anderen Betrieben der gleichen Branche und Grösse. Das kann der Umsatz pro Mitarbeiter sein, der Betriebsaufwand im Verhältnis zum Umsatz oder eine ähnliche Vergleichsgrösse. Aber auch der direkte Vergleich bestimmter Aufwand- und Ertragsposten mit denjenigen anderer Betriebe wird gemacht.

Sind die Unterschiede gross, verlangen die Beamten vom Betriebsinhaber bzw. der Unternehmerin Erklärungen. Wenn diese nicht befriedigend ausfallen, können die Steuerbehörden die Steuererklärung korrigieren, indem sie die Person oder Firma nach pflichtgemässem Ermessen einschätzen.

Eine weiterer Vergleich, der häufig angestellt wird, ist derjenige der Lebenshaltungskosten mit dem ausgewiesenen Gewinn oder Einkommen. Stellen die Steuerbehörden fest, dass jemand auf sehr grossem Fuss lebt, aber nur ein sehr kleines Einkommen versteuert, werden sie misstrauisch.

Schliesslich können die Steuerbehörden auch Zahlen verifizieren, die auf verschiedenen Steuererklärungen erscheinen. So etwa zwischen:

— Arbeitgebern und Arbeitnehmenden

— Vermietern und Mietern

— Verkäufern und Käufern

— Gläubigern und Schuldnern

— Mitgliedern von Erbengemeinschaften

— Partnern von Aktiengesellschaften, GmbHs, Kollektivgesellschaften

Zwar gilt dies nicht nur für die Deklarationen von Selbständigerwerbenden. Da aber hier die Spielräume wesentlich grösser sind als bei Angestellten mit Lohnausweisen und klar definierten Abzügen, können sich grössere Abweichungen ergeben, und deshalb werden die Steuerbehörden eher gründlicher kontrollieren.

Selbstverständlich sind Abweichungen vom «Normalfall» oder grosse Gewinnsprünge (und plötzliche Verluste) von Jahr zu Jahr immer möglich. Wenn Sie aber in Ihrer Steuererklärung – oder wahrscheinlich schon vorher im Jahresabschluss – solche Unregelmässigkeiten feststellen, sollten Sie rechtzeitig dafür sorgen, dass die nötigen Erklärungen und Belege vorliegen.

AHV-Beiträge nicht vergessen

Ein Posten, der von Selbständigerwerbenden gelegentlich vergessen oder vernachlässigt wird, ist die AHV. Wer sich selbständig macht, muss sich bei der zuständigen Ausgleichskasse anmelden; die AHV-Beiträge sind nach dem Einkommen abgestuft und machen maximal 9,5 Prozent aus (für AHV, IV und EO). Die Höhe des Einkommens müssen Unternehmerinnen und Unternehmer zunächst selbst deklarieren und darauf vorläufig Beiträge bezahlen. Sobald die Steuerveranlagung für die direkte Bundessteuer definitiv ist, melden die Steuerbehörden dieses Einkommen an die zuständige AHV-Stelle weiter, und diese korrigiert wenn nötig die Beitragshöhe. Es gibt also keine eigene AHV-Einschätzung, und das Steueramt informiert Sie auch nicht, wann es der AHV-Stelle das definitive Einkommen mitteilt.

Da die definitive Steuereinschätzung manchmal erst mehrere Jahre später vorliegt, kommt auch die definitive AHV-Rechnung erst spät. Selbständige erleben es immer wieder, dass sie dann innerhalb von kurzer Zeit Tausende oder gar Zehntausende Franken nachzahlen müssen. Dies vor allem dann, wenn das Steueramt die definitive Veranlagung gleich für mehrere Jahre vornimmt.

Es ist sehr zu empfehlen, jeweils Ende Jahr die AHV grob zu berechnen und die nötigen Rückstellungen zu machen. Grössere Änderungen in der Höhe des Einkommens können Sie auch von sich aus der AHV-Ausgleichskasse melden, damit diese die Beiträge bereits früher anpasst.

Steuern sparen dank Abzügen

Angestellte beneiden Selbständige häufig, weil diese in der Steuererklärung viel mehr vom Einkommen abziehen können. Solcher Neid ist nicht begründet, denn damit ist noch keinesfalls gesagt, dass den Selbständigen Ende Monat mehr übrig bleibt. Sie haben viel höhere Kosten als Angestellte, denen der Arbeitgeber den Arbeitsplatz, die Sozial- und andere Versicherungen, Fahrspesen und Ferien bezahlt.

Selbständigerwerbende können folgende geschäftlich notwendigen Unkosten abziehen:

— Mietkosten für Büro, Laden, Werkstatt

— Ausgaben für Anschaffung und Unterhalt der nötigen Werkzeuge, Geräte und Maschinen

— Fahrzeugkosten

— Beiträge an AHV, IV, EO, ALV

— Beiträge an die Erwerbsausfallversicherung

— Beiträge an die 2. und 3. Säule

— Prämien für Sachversicherungen

— Büro- und andere Spesen

— Weiterbildungskosten, Fachbücher, Zeitungs- und Zeitschriftenabonnemente

— Werbe- und Akquisitionskosten

— Abschreibungen

— Frühere Geschäftsverluste (in einem gewissen Rahmen)

Diese Positionen werden jedoch anders als bei den Angestellten nicht auf der Steuererklärung selbst aufgeführt, sondern in der Buchhaltung oder im entsprechenden Hilfsblatt vom Umsatz abgezogen, sodass in der Steuererklärung nur noch der Reingewinn erscheint.

 Brigitte K. muss als Selbständige 90 000 bis 120 000 Franken Umsatz machen, um Ende Jahr gleich viel verdient zu haben wie ihre angestellte Kollegin Monika F. mit einem Lohn von 60 000 Franken. Die Geschäftsunkosten machen in der Regel einen Drittel bis die Hälfte des Umsatzes aus. Also ist nur gerecht, dass Brigitte K. in der Steuererklärung grundsätzlich alle geschäftlich bedingten Auslagen von diesem Umsatz abziehen kann, damit sie wie Monika F. auf ihrem eigentlichen Einkommen von 60 000 Franken Steuern bezahlt.

Steuern bei Geschäftsaufgabe

Aufgepasst bei der Geschäftsaufgabe: Wer ein Geschäft liquidiert und dabei einen Gewinn erzielt, muss darauf Steuern und Sozialabgaben (AHV) bezahlen. Rechnen Sie diese Beträge auf jeden Fall mit ein (mehr dazu auf Seite 114).

Abschreibungen bringen am meisten

Besonders lohnende Abzüge sind die Abschreibungen. Wer Investitionen tätigt, die er für seinen Betrieb braucht, darf über mehrere Jahre hinweg einen festgelegten Prozentsatz der Investitionssumme abziehen. Die Sätze betragen:

- 45 % für Wäsche und Geschirr von Hotels und Restaurants
- 40 % für Werkzeuge, Büromaschinen und EDV-Anlagen, Autos
- 30 % für Maschinen und Apparate zur Produktion
- 25 % für Geschäfts-, Fabrik-, Werkstatt- und Lagereinrichtungen
- 8 % für Geschäfts-, Fabrik-, Werkstatt- und Lagergebäude
- 6 % für Restaurant- und Hotelgebäude
- 2 % für Wohnhäuser

Diese Abschreibungssätze beziehen sich immer auf den Restwert. Das heisst, für die neue Computeranlage, die 10 000 Franken gekostet hat, dürfen Sie im ersten Jahr auf der Steuererklärung 40 Prozent, also 4000 Franken, abziehen. Im zweiten Jahr sind es 40 Prozent von den restlichen 6000 Franken, also 2400 Franken, im dritten Jahr 40 Prozent von 3600 Franken.

Eine zweite Möglichkeit besteht darin, Abschreibungen auf dem Anschaffungswert vorzunehmen, dann gelten jeweils die halben Sätze. Verschiedene Kantone kennen auch das Prinzip der sogenannten Sofortabschreibung, dies vor allem für bewegliche Gegenstände des betrieblichen Anlagevermögens wie Mobiliar, Einrichtungen, Büromaschinen und Computer, Werkzeuge und Fahrzeuge. Bei dieser Methode darf gleich im ersten Jahr ein grosser Teil der Investition, beispielsweise 80 Prozent, abgeschrieben werden, dafür bleibt dann der Restwert während einer vorgeschriebenen Dauer gleich hoch.

Da Abschreibungen einen wichtigen Teil der Abzüge von Selbständigerwerbenden ausmachen, lohnt es sich, diese sorgfältig vorzunehmen. Erkundigen Sie sich beim Steueramt nach den in Ihrem Kanton geltenden Abschreibungssätzen und -methoden.

Die Nutzung von Liegenschaften zu geschäftlichen Zwecken

Für Selbständige kann es optimal sein, eine private Liegenschaft auch geschäftlich zu nutzen. In diesem Fall will die Steuerbehörde, dass die beiden Bereiche sauber getrennt werden. Am besten und auch am einfachsten ist es, wenn Sie einen Mietwert annehmen, den Sie für das gleiche Geschäft an einem anderen, vergleichbaren Ort zahlen müssten, oder anders herum, den Sie einem Mieter an diesem Ort für die Nutzung verrechnen würden. Diesen Betrag belasten Sie der eigenen Firma als Miete. Die übrigen Kosten – etwa für Heizung, Reinigung, Strom, Telefon, Benutzung anderer Räume – werden anteilsmässig umgerechnet und ebenfalls der eigenen Firma belastet.

Den Betrag, den Sie für die geschäftliche Nutzung der Firma belasten, müssen Sie zu Ihrem eigenen Privateinkommen dazuzählen. Den Mietanteil der Firma können Sie dagegen vom deklarierten Eigenmietwert abziehen.

Wichtig ist in einem solchen Fall, dass die Liegenschaft höchstens zur Hälfte geschäftlich genutzt wird. Andernfalls klassieren sie die Steuerbehörden als Geschäftsliegenschaft, was beim späteren Verkauf meistens steuerlich ungünstig ist (mehr dazu auf Seite 155).

Keine Fehler in der Steuererklärung

Steuererklärungen von Selbständigerwerbenden sind um einiges komplizierter und umfangreicher als diejenigen von Angestellten. Deshalb sind auch die Möglichkeiten grösser, Fehler zu machen oder etwas zu vergessen. Selbständige sollten deshalb die eingereichten Unterlagen und Dokumente vor dem Abschicken an die Steuerbehörde besonders sorgfältig prüfen:

- Sind die Buchungen und Aufzeichnungen vollständig und korrekt?
- Sind alle nötigen Beilagen und Formulare vorhanden und ausgefüllt?
- Sind die angefangenen Arbeiten und Warenvorräte aufgeführt?
- Sind die Abschreibungen zu den erlaubten Höchstsätzen vorgenommen worden?
- Sind die nötigen Rückstellungen vorgenommen worden?
- Sind allfällige frühere Verluste abgezogen worden?
- Sind geschäftliche und private Ausgaben und Einnahmen sauber getrennt und ausgewiesen?
- Und schliesslich ganz generell: Entspricht die Buchhaltung den allgemeinen Regeln und ist sie plausibel?

AG, GmbH oder was? – die verschiedenen Rechtsformen

Ein wichtiger Grundsatzentscheid bei der Geschäftsgründung ist die Wahl der Rechtsform: AG, GmbH und Einzelfirma sind die häufigsten Formen, eine weitere ist die Kollektivgesellschaft.

Aus steuerlicher Sicht am bedeutsamsten ist der Unterschied zwischen Personen- und Kapitalgesellschaften.

- **Personengesellschaften:** Dazu zählen die Einzelfirma, die Kollektiv- und die Kommanditgesellschaft. Das wichtigste gemeinsame steuerliche Merkmal ist, dass bei diesen Rechtsformen die Trennung zwischen Privat und Geschäft weitgehend aufgehoben ist.

- Die Einzelfirma gehört einer einzigen Person, und diese Person versteuert Firmengewinn und Firmenvermögen zusammen mit allfälligen weiteren Privateinkünften und -vermögen.
- Eine Kollektivgesellschaft ist der Zusammenschluss von zwei oder mehr Personen, die gemeinsam eine Firma gründen und führen wollen. Auch hier versteuern die Beteiligten die Einkünfte und Gewinnanteile aus der Firma zusammen mit ihren Privateinkünften und -vermögen.
- An einer Kommanditgesellschaft – einer ziemlich seltenen Rechtsform – sind wie bei der Kollektivgesellschaft mehrere Personen beteiligt, die aber nicht alle die gleichen Rechte und Pflichten haben. Auch sie versteuern geschäftliches und privates Einkommen und Vermögen zusammen.
- **Kapitalgesellschaften:** Dazu gehören die Aktiengesellschaft (AG) und die Gesellschaft mit beschränkter Haftung (GmbH). Bei diesen Rechtsformen werden nicht die Besitzer, sondern die Unternehmen nach ihrem Gewinn besteuert. Ein Unternehmer, der eine AG oder GmbH besitzt und selbst führt, ist rechtlich deren Angestellter, bezieht als solcher einen Lohn von der eigenen Firma und versteuert diesen als Einkommen. Anders als bei Personengesellschaften muss für die Gründung einer AG oder GmbH ein Minimalkapital eingebracht werden; für die AG sind es 100 000, für die GmbH 20 000 Franken.

Kapital- oder Personengesellschaft, was ist besser?

Für kleine Unternehmen, besonders Einpersonen-Betriebe, sind die steuerlichen Unterschiede zwischen den verschiedenen Rechtsformen im Normalfall klein, denn die Steuer auf einem Einkommen von 150 000 Franken und auf dem Unternehmensgewinn einer Einpersonen-AG oder -GmbH von 150 000 Franken ist gleich hoch. Dies gilt unter der Voraussetzung, dass bei der AG oder GmbH der ganze Gewinn herausgenommen und als Lohn an den Eigentümer bzw. die Eigentümerin überwiesen wird. Inhaber einer Einzelfirma können zudem ihre Steuern durch die Wahl des Firmensitzes je nach Steuerfuss beeinflussen.

Die Tatsache, dass eine AG laut Obligationenrecht bei der Gründung aus mindestens drei Aktionären bestehen muss (eine GmbH kann nach neuem Recht auch aus nur einem Gesellschafter bestehen, Art. 625 OR), wird hier ausser Acht gelassen. Bei Kleinst-AGs kommt es oft vor, dass der Inhaber bzw. die Inhaberin praktisch alle Aktien besitzt und nur einzelne Titel bei anderen Aktionären liegen. Denkbar ist zum Beispiel folgende Aufteilung: 1000 Aktien im Nennwert von 100 Franken, davon sind 998 im Besitz der Unternehmerin und Geschäftsführerin, je eine Aktie halten ihr Ehemann und die Tochter. Damit geht auch die Dividende zu 99,8 Prozent an die Hauptaktionärin.

Die Unternehmenssteuerreform II, die auf Bundesebene zum Teil seit Anfang 2009 in Kraft ist, führt bei den KMU zu einem Umdenken. Bis anhin versuchten Inhaber von kleinen und mittelgrossen Unternehmen, mit möglichst hohen Löhnen der wirtschaftlichen Doppelbesteuerung zu entgehen. Denn zumindest ein Teil des Gewinns einer AG oder GmbH wird zweimal besteuert: zuerst als Unternehmensgewinn und ein zweites Mal als Dividende und damit Einkommen beim Inhaber. Die bisherige Lohnstrategie wird wohl künftig in manchen Fällen ins Gegenteil umschlagen, da mit der Unternehmenssteuerreform die Besteuerung der Dividende gemildert wird (siehe Seite 115). Weil auf Dividenden keine Sozialversicherungsbeiträge abgerechnet werden, kann es interessant sein, mehr Gewinn statt Lohn aus der eigenen Firma zu ziehen.

Die AHV hat denn auch mit Einnahmeausfällen zu rechnen. Sie wird sich aber das Recht herausnehmen, unter gewissen Umständen die ausgeschütteten Dividenden zum massgebenden Lohn zu addieren. Eine extrem aggressive Strategie, die den Lohn unverhältnismässig senkt und die Dividende entsprechend erhöht, wird die AHV nicht akzeptieren, sondern verlangen, dass der Geschäftsinhaber sich ein brachenübliches Gehalt auszahlt. Aus der Praxis im Kanton Nidwalden weiss man, dass das Mindestsalär 120 000 Franken betragen muss, bevor die AHV Dividenden überhaupt als solche anerkennt. Im Übrigen hat auch der Inhaber nur schon wegen der Vorsorge kaum ein Interesse daran, sich ein allzu tiefes Gehalt auszuzahlen. Denn als Basis für die Berechnung der Beiträge gilt nur der AHV-Lohn, nicht aber die Dividende.

Weiter unterscheiden sich die Steuerbelastungen von Personen und Kapitalgesellschaften, wenn Wohn- und Firmensitz nicht am gleichen Ort angesiedelt sind. Inhaber einer AG oder GmbH haben hier gewisse Möglichkeiten zur Steueroptimierung, indem sie einen tieferen Unternehmensgewinn ausweisen und sich einen höheren Lohn auszahlen oder umgekehrt, je nachdem ob am Wohn- oder am Geschäftssitz ein tieferer Steuersatz gilt.

 Natürlich beschränken sich die Überlegungen zur richtigen Rechtsform nicht auf die steuerlichen Fragen. Was angehende Unternehmer zur Rechtsform, aber auch zu allen anderen Erfolgsfaktoren für ihre Firma wissen müssen, finden Sie im Beobachter-Ratgeber «Ich mache mich selbständig. Von der Geschäftsidee zur erfolgreichen Firmengründung» (www.beobachter.ch/ buchshop).

Was wird wo besteuert?

Gesellschaftsform	Geschäftsort	Wohnort
AG, GmbH	Unternehmens- gewinn und -kapital	Lohn, Dividende, Privatvermögen
Einzelfirma	Geschäftsgewinn (inkl. Lohn) und Geschäftsvermögen	Restliches Einkommen und Privatvermögen
Kollektiv- und Kommandit- gesellschaft	Geschäftsgewinn (exkl. Lohn) und Geschäftsvermögen	Lohn, übriges Einkommen, Privatvermögen

Steuerfolgen bei der Geschäftsaufgabe

Gross sind die steuerlichen Unterschiede von Personen- und Kapitalgesellschaften, wenn es um einen Verkauf oder eine Auflösung geht. Eine Einzelfirma kann nicht verkauft, sondern nur aufgelöst werden. Den Gewinn aus dieser Liquidation muss der Inhaber – allenfalls auch die Erben – versteuern, ausserdem werden darauf Sozialversicherungsbeiträge fällig. Dasselbe gilt für die Auflösung einer Kollektivgesellschaft. Zusammen mit Bundes-, Kantons- und Gemeindesteuern können sich die Abgaben auf über 50 Prozent des Gewinns belaufen. Besonders ins Geld geht dies, wenn in der Firma eine Liegenschaft mit stillen Reserven enthalten ist; je nach Kanton kommen auch noch Grundstückgewinnsteuern hinzu.

Ganz anders beim Verkauf einer AG oder GmbH. Hier werden grundsätzlich – mit gewissen Ausnahmen – nicht die Aktiven und Passiven, sondern die Aktien oder Gesellschaftsanteile übertragen, und dies gilt als steuerfreier Kapitalgewinn.

Planen Sie als Inhaber einer Personengesellschaft eine Übergabe oder Nachfolgeregelung? Dann lohnt es sich, die Umwandlung in eine AG oder GmbH zu prüfen. Und zwar mindestens fünf Jahre vor der Übergabe, denn wenn ein Verkauf früher über die Bühne geht, werden Sie von den Steuerbehörden trotzdem zur Kasse gebeten. Die Umwandlung selbst ist steuerfrei.

Unternehmenssteuerreform II

Im Februar 2007 haben die Schweizerinnen und Schweizer die Unternehmenssteuerreform II angenommen. Bei dieser Reform geht es im Wesentlichen um steuerliche Entlastungen für die über 300 000 kleinen und mittleren Unternehmen (KMU). Sie beinhaltet eine Milderung der wirtschaftlichen Doppelbelastung, einen Abbau der Steuern sowie Entlastungen für Personenunternehmen. Die Reform ist zum Teil bereits auf Anfang 2009 in Kraft getreten.

Bisher wurde die Dividende einer Kapitalgesellschaft zweimal besteuert: einmal als Unternehmensgewinn und ein zweites Mal bei der Ausschüttung. Nun ist diese Doppelbesteuerung auch bei der direkten Bundessteuer gemildert worden: Ausgeschüttete Dividenden werden nicht mehr zu 100 Prozent besteuert, sondern zu 50 Prozent bei Beteiligungen im Geschäftsvermögen bzw. zu 60 Prozent bei Beteiligungen im Privatvermögen. Voraussetzung ist, dass der Inhaber der Aktien (bei der GmbH der Stammanteile) eine natürliche Person ist und mindestens 10 Prozent des Aktienkapitals der Firma besitzt. Die meisten Kantone haben schon früher eine reduzierte Dividendenbesteuerung eingeführt; andere werden es nun im Nachgang der eidgenössischen Abstimmung tun.

Ein weiterer Vorteil für Kapitalgesellschaften: In einigen Kantonen können Sie auf Kantons- und Gemeindeebene die Gewinnsteuer an die Kapitalsteuer anrechnen. Die Kapitalsteuer wird also um den Betrag der Gewinnsteuer reduziert.

Weiter ist vor allem das neue Kapitaleinlageprinzip relevant. Die von den Beteiligungsinhabern an die Gesellschaft oder Genossenschaft geleisteten Kapitaleinlagen sind künftig auch dann steuerfrei rückzahlbar, wenn es sich um Aufgelder (Agio) oder Zuschüsse handelt. Was das heisst, zeigt folgendes, leicht vereinfachtes Beispiel:

Carmen R. besitzt eine AG; das Aktienkapital beträgt 100 000 Franken, die Reserven 900 000. Fred T. kauft sich als gleichberechtigter Partner ein. Dazu muss er eine Million in die Firma einschiessen, verteilt auf 100 000 Franken Aktienkapital und 900 000 Franken Aufgeld oder Agio. Was bedeutet das steuerlich, wenn sich die beiden verkrachen und Fred T. sich auszahlen lassen will? Bisher galt das Nennwertprinzip, das heisst: Nur der Nennwert – eben das Aktienkapital – konnte steuerfrei bezogen werden. Das Agio von 900 000 Franken hätte Fred T. als Einkommen versteuern müssen. Mit dem nun eingeführten Kapitaleinlageprinzip fährt er günstiger: Steuerfrei rückzahlbar ist nicht nur das einbezahlte Aktienkapital, sondern jede nachweisbar von den Aktionären getätigte Kapitaleinlage.

Weiter entlastet die Unternehmenssteuerreform II Personenunternehmen von Steuern, die im falschen Moment anfallen. Die bisher gültige Bestimmung erschwerte Nachfolgeregelungen. Denn der Fiskus griff beim Verkauf von Personengesellschaften hemmungslos zu und nahm keine Rücksicht auf die Tatsache, dass für die meisten Inhaber von Personengesellschaften der Erlös aus dem Verkauf des Betriebs eine wichtige Komponente der Altersvorsorge darstellt. Neu wird nun bei der Nachfolge die Besteuerung aufgeschoben, wenn Erben den Betrieb übernehmen. Ebenfalls aufgeschoben wird die Besteuerung, wenn Liegenschaften aus dem Geschäfts- ins Privatvermögen überführt werden.

Steuern für Familien und Paare

Auf kaum ein Thema werden Steuerberater so oft ange-
sprochen wie auf die Steuerbelastung von Ehepaaren und die
«Heiratsstrafe». Bundesrat und Parlament tun sich schwer,
eine gerechtere Besteuerung für Verheiratete durchzusetzen.
Die Ungleichheit zwischen Ehe- und Konkubinatspaaren ist
zwar in jüngster Zeit etwas gemildert worden. Noch besteht
aber Handlungsbedarf.

Steuern und die gesellschaftliche Realität

Die traditionellen Lebensformen Ehe und Familie haben sich im Lauf der Zeit verändert, das Steuerrecht allerdings hinkt hintennach. Besonders zwei Entwicklungen haben eine neue Situation geschaffen: Zum einen ist es die Tatsache, dass mehr Frauen ins Berufsleben eingestiegen sind und somit nicht nur arbeiten, sondern dafür auch einen Lohn beziehen. Dadurch gibt es heute viele Ehepaare, bei denen Mann und Frau ein Einkommen haben. Zum andern leben heute viel mehr Paare zusammen, ohne verheiratet zu sein.

Zweiverdiener-Ehepaare sind wegen der traditionellen Ausgestaltung des Steuerrechts gegenüber Konkubinatspaaren benachteiligt (dasselbe gilt für eingetragene Partnerschaften). Der Grund: Ehepaare müssen ihre beiden Einkommen zusammenzählen und der Gesamtbetrag wird zu einem höheren Satz versteuert, als dies für die beiden einzelnen Einkommen der Fall wäre.

Yvonne S. und Marcel B. haben je ein Bruttoeinkommen von 80 000 Franken. Reichen sie als Unverheiratete separate Steuererklärungen ein, kommen sie – unter Berücksichtigung der üblichen Abzüge – bei der direkten Bundessteuer auf ein steuerbares Einkommen von je rund 66 300 Franken, was zu einer Steuerbelastung von je 974 Franken führt, total also 1948 Franken oder 1,2 Prozent ihres Bruttoeinkommens. Sind die beiden verheiratet und füllen eine gemeinsame Steuererklärung aus, werden die Einkommen zusammengezählt. Dank den zusätzlichen Abzügen für Zweiverdiener und Ehepaare wird ihr steuerbares Einkommen nicht ganz doppelt so hoch, kommt aber doch auf rund 119 700 Franken. Damit zahlen sie 3496 Franken direkte Bundessteuer, also 2,2 Prozent ihres Bruttoeinkommens. Ähnliche Unterschiede bestehen auch bei den Kantons- und Gemeindesteuern.

Splitting und andere neue Modelle

Die Diskussion darüber, wie diese Benachteiligung behoben werden kann, ist seit Jahren im Gang. Einzelne Kantone haben bereits das sogenannte Splitting eingeführt. Dabei werden die beiden Einkommen zwar zusammengerechnet, aber zu einem tieferen Tarif besteuert.

— Beim Vollsplitting wird der Steuertarif für ein halb so hohes Einkommen angewendet; damit zahlen Ehepaare gleich viel wie Konkubinatspaare mit gleichem Einkommen.

— Beim Teilsplitting wird ein höherer Steuertarif angewandt als der für das halbe Einkommen. Der Ansatz wird in Prozent oder mit einem Quotienten berechnet. Ein 60-Prozent-Splitting bedeutet, dass das zusammengezählte Einkommen beider Ehegatten zu dem Tarif besteuert wird, der für 60 Prozent dieser Summe angewendet würde. Ein Quotient von 1,8 bedeutet, dass das Gesamteinkommen durch 1,8 geteilt und dann der Steuertarif angewendet wird, der für diesen Betrag gilt; beim Faktor 1,8 entspricht dies 55,56 Prozent. Damit sind Ehepaare den gleich viel verdienenden Konkubinatspaaren nicht völlig gleich gestellt, müssen aber deutlich weniger bezahlen als mit dem traditionellen Modell.

Splittingverfahren wenden heute etwa die Hälfte aller Kantone an (siehe Tabelle Seite 120). Der Bund und die anderen Kantone kennen nur den Verheiratetentarif, der etwas tiefer liegt als der Tarif für ein Einzeleinkommen in derselben Höhe.

Sofortmassnahmen Schon 1984 hatte das Bundesgericht in einem wegweisenden Urteil entschieden, Ehepaare müssten steuerlich entlastet werden. Die Richter empfanden es als verfassungswidrig, dass Zweiverdiener-Ehepaare gegenüber Konkubinatspaaren in vergleichbarer Situation steuerlich benachteiligt waren. Die angeprangerte Verfassungswidrigkeit ist allerdings noch immer

Das Splitting in den Kantonen

Kanton	Modell
Bund, AR, BE, BS, GE, GL, JU, LU, TI, ZG[1], ZH	Kein Splitting, Verheiratetentarif
AG	Vollsplitting, Tarif: 50%
AI	Vollsplitting, Tarif: 50%
BL	Vollsplitting, Tarif: 50%
FR	Splitting, Tarif: 56%
GR	Teilsplitting, Divisor 1,9
NE	Teilsplitting, Tarif 55%
NW	Teilsplitting, Divisor 1,85
OW	Einheitstarif mit Spezialabzug für Verheiratete und Einelternfamilien: 20% vom Nettoeinkommen, mindestens Fr. 4300.–, maximal Fr. 10 000.–
SG	Vollsplitting, Tarif: 50%
SH	Teilsplitting, Divisor 1,9
SO	Teilsplitting, Divisor 1,9
SZ	Teilsplitting, Divisor 1,9
TG	Teilsplitting, Divisor 1,9
UR	Kein Splitting, aber ein Zweiverdienerabzug; vom niedrigeren Einkommen wird ein festgelegter Betrag abgezogen.
VD	Das Einkommen wird satzbestimmend durch die Summe der Konsumeinheitenquotienten dividiert. Diese betragen: – 1,0 für Ledige, Verwitwete, Geschiedene und getrennt Lebende – 1,8 für Verheiratete in ungetrennter Ehe und Personen mit minderjährigen, studierenden oder eine Lehre absolvierenden Kindern im eigenen Haushalt – 0,5 je minderjähriges, studierendes oder eine Lehre absolvierendes Kind, für das der Steuerpflichtige aufkommen muss
VS	Einheitstarif mit Spezialabzug für Verheiratete und Einelternfamilien: 35% vom steuerbaren Einkommen, mindestens Fr. 640.–, maximal Fr. 4560.–

Divisor 1,9 entspricht einem Tarif von 52,63%, Divisor 1,85 einem Tarif von 55,56%

[1] Verheiratetentarif entspricht einem Vollsplitting

Quelle: Angaben der Steuerämter, TaxWare by Five Informatik

nicht aus dem Weg geräumt. Erst 2006, also 22 Jahre später, verabschiedete das Bundesparlament Sofortmassnahmen, um bei der direkten Bundessteuer die sogenannte Heiratsstrafe zu mildern: Der bisherige fixe Zweiverdiener-Abzug von 7600 Franken wird neu auf 50 Prozent vom niedrigeren Einkommen der beiden Eheleute festgelegt (maximal 12 500 Franken). Zusätzlich wurde ein Verheiratetenabzug von 2500 Franken für alle Ehepaare eingeführt. Dieses Gesetz ist seit dem 1. Januar 2008 in Kraft.

Individualbesteuerung? Die radikalste und – zumindest nach Meinung der Befürworter – sauberste Lösung wäre die Individualbesteuerung: Jede steuerpflichtige Person, egal ob verheiratet oder nicht, versteuert selbst das eigene Einkommen, wie dies an den meisten Orten im Ausland der Fall ist.

Auf Bundesebene ist geplant, nach den Sofortmassnahmen nun einen Grundsatzentscheid zwischen Individualbesteuerung und gemeinsamer Besteuerung von Ehepaaren zu fällen. Im Dezember 2006 schickte der Bundesrat vier Modelle in die Vernehmlassung:

— eine modifizierte Individualbesteuerung

— das Vollsplitting

— freie Wahl zwischen Teilsplitting und Individualbesteuerung

— einen neuen Doppeltarif, bei dem an der gemeinsamen Veranlagung für Ehepaare und zwei verschiedenen Tarifen für Verheiratete und Unverheiratete festgehalten wird, wobei der Tarifverlauf neu festgesetzt werden soll

Die Vernehmlassung brachte mehr Ernüchterung als Erhellung. Es zeigte sich, dass keines der Modelle eine politische Mehrheit finden wird. Die gesetzliche Verankerung eines neuen Systems zur Ehegattenbesteuerung wird also noch eine Weile auf sich warten lassen. Dabei dürfte das Modell einer weiterhin gemeinsamen Veranlagung – sei es mit Splitting oder Doppeltarif – politisch einfacher und schneller umsetzbar sein als die Individualbesteuerung.

Abzüge für Verheiratete

Auch in den Kantonen sind sich die Behörden der ungleichen Belastung bewusst und haben bereits Massnahmen ergriffen, sprich: spezielle Abzüge für Ehepaare und für Zweiverdiener eingeführt. Die Verheiratetenabzüge gelten für in ungetrennter Ehe Lebende; sie können meist doppelt so viel an persönlichen Abzügen vornehmen wie Einzelpersonen. Die Höhe variiert je nach Kanton, das Maximum sind 35 000 Franken für Verheiratete im Kanton Basel-Stadt.

Auch der Zweiverdienerabzug ist von Kanton zu Kanton sehr unterschiedlich; er reicht von 500 Franken (AI, FR, SG) bis 7200 Franken im Tessin, bei der direkten Bundessteuer können neu mindestens 7600 und höchstens 12 500 Franken abgezogen werden (siehe auch Seite 89).

Gemeinsame Steuerpflicht für Ehepaare

Zu Anfang gleich ein – nicht ganz ernst gemeinter – Steuerspartipp: Aus finanziellen Gründen ist es zu empfehlen, eine gegen Ende Jahr geplante Hochzeit auf das folgende Jahr zu verschieben. Denn in fast allen Kantonen und beim Bund werden Jungverheiratete für das ganze Jahr gemeinsam besteuert. Auch bei einer Heirat im Dezember werden also die beiden Einkommen aus zwölf Monaten zusammengerechnet. Für die meisten Ehepaare bedeutet dies eine höhere Progressionsstufe und kommt entsprechend teuer zu stehen.

Die gemeinsame Steuerpflicht von Ehepaaren dauert so lange, wie Mann und Frau rechtlich und tatsächlich in ungetrennter Ehe leben. Das heisst allerdings nicht, dass ein Ehepaar einfach zwei separate Wohnungen beziehen und dann dank zwei separaten Steuererklärungen viel Geld sparen kann. Da nach Eherecht jeder Ehegatte auch in einer intakten Ehe einen eigenen Wohnsitz begründen darf, beweist die Existenz zweier Wohnsitze für die Steuerbehörde noch lange nicht, dass die beiden «nicht mehr zusammengehören» oder zusammengehören wollen. Massgebend ist, dass jede Seite für sich lebt, keine gemeinsame wirtschaftliche Basis mehr besteht und der Ehemann nur noch klar fixierte Unterhaltsbeiträge für Frau und Kinder leistet (oder umgekehrt).

Will sich ein Paar also trennen und nimmt deshalb zwei Wohnungen, so ist bei der nächsten Steuererklärung eine Information und Begründung an die Steuerbehörden fällig, der man am besten eine Trennungsvereinbarung beilegt.

Analog zum Beginn der gemeinsamen Steuerpflicht gilt auch bei deren Ende: Trennt sich ein Ehepaar, werden Mann und Frau für das ganze Jahr getrennt besteuert – und zwar in allen Kantonen wie auch beim Bund.

Eine Trennung gegen Ende Jahr ist für die meisten Familien steuerlich ungünstig. Der Ehemann wird für das ganze Jahr nach dem Grundtarif besteuert und kann nur die wenigen Unterhaltsbeiträge abziehen, da er ja nicht das ganze Jahr getrennt war. Das führt zu deutlich höheren Steuern. Aufseiten der Ehefrau, die meist ein tieferes Einkommen hat, fällt der günstigere Verheirateten- bzw. Einelterntarif dafür kaum ins Gewicht. Wenn möglich, sollten Sie deshalb mit der Anmeldung am neuen Wohnort bis zum nächsten Jahr zuwarten.

Beide unterschreiben, beide haften

Auch wenn die Steuergesetzgebung bei der Behandlung von verheirateten und unverheirateten Paaren der gesellschaftlichen Realität hinterherhinkt, in einem Bereich ist der Rückstand aufgeholt. Während früher die Ehefrau gegenüber den Steuerbehörden praktisch nicht existierte und durch ihren Gatten vertreten wurde, ist dies heute anders. Nach Gesetz müssen alle Mitteilungen der Steuerbehörde für ein Ehepaar an Mann und Frau gemeinsam gerichtet werden und die Steuererklärung muss von beiden unterschrieben sein. Fehlt eine Unterschrift, wird allerdings nach einer gewissen Frist angenommen, dass der oder die andere mit der Steuererklärung einverstanden sei. Das heisst, die Steuererklärung ist letztlich auch mit nur einer Unterschrift gültig. Dasselbe gilt bei Rekursen oder anderen Eingaben: Sind diese nur von einem der beiden Ehegatten unterschrieben, sind sie trotzdem gültig.

Teuer kann die Regelung werden, dass beide Eheleute grundsätzlich für Steuern solidarisch haften. Das heisst konkret: Werden die Steuern nicht überwiesen, können die Behörden auf Mann und Frau losgehen. In der Praxis kennen sie allerdings meist die tatsächlichen finanziellen Verhältnisse und werden deshalb das Geld in erster Linie bei dem Ehepartner einfordern, der den ganzen Verdienst oder den grössten Teil davon erwirtschaftet.

In wenigen Kantonen (beide Appenzell, Waadt und Neuenburg) erstreckt sich die solidarische Haftung auf die ganze Steuerschuld und auf das ganze Vermögen des zweiten Partners, in den meisten Fällen der Ehefrau. In diesen Kantonen ist es theoretisch möglich, dass eine verheiratete Frau, die kein Geld verdient und die Steuererklärung nie mit unterschrieben hat – also gar nicht genau weiss, was ihr Gatte mit seinem Geld getrieben hat und treibt –, für seine Nachsteuern zur Kasse gebeten wird.

In den anderen Kantonen haftet eine verheiratete Person bei offensichtlicher Zahlungsunfähigkeit des Ehepartners nur für den Steueranteil, der ihrem Einkommen und Vermögen entspricht. Hat also der Ehemann seinen Betrieb in den Konkurs geritten und bleibt dem Steueramt das Geld schuldig, muss die Teilzeit arbeitende Gattin seinen Anteil nicht auch noch bezahlen. Hier geht das Steueramt davon aus, dass bei beiden nicht mehr besonders viel zu holen ist.

> Entgegen einer immer noch verbreiteten Meinung: Für die Steuern spielt der eherechtliche Güterstand überhaupt keine Rolle. Auch Ehepaare, die unter Gütertrennung leben, erklären und zahlen ihre Steuern gemeinsam.

Steuern für Kinder

Kinder gehören steuerlich gesehen so lange zur Familie, wie sie jünger als 18 Jahre sind oder nicht selbst verdienen. Die Interkantonale Kommission für Steueraufklärung begründet dies in einem Dokument mit der neckischen, aber berechtigten Bemerkung: «Warum sollten hohe Konzertgagen eines Wunderkindes nicht besteuert werden.» Einkommen wie Alimente, Sparzinsen oder Waisenrenten – ausgenommen das Erwerbseinkommen, also etwa der Lehrlingslohn – müssen in der Steuererklärung der Eltern aufgeführt werden; dies gilt bei der direkten Bundessteuer und in allen Kantonen.

Ab Beginn einer Lehre, wenn die Tochter oder der Sohn also einen Lohn bezieht, müssen sich die Jugendlichen selbst mit der Steuererklärung befassen; ebenso bei Erreichen des Mündigkeitsalters von 18 Jahren. Und damit ist auch klar, dass die Jugendlichen selbst die Steuern bezahlen müssen; sie – und nicht etwa die Eltern – werden vom Steueramt als Schuldner betrachtet. Für Jugendliche über 18, die noch in der Ausbildung sind, ist die Sache rasch erledigt: Sie schicken die Steuererklärung zurück mit einem kurzen Brief, dass sie noch kein Einkommen verdienen (siehe auch Seite 97).

Rolf K. wird am 27. September 2008 18 Jahre alt. Damit ist er für das Jahr 2008 steuerpflichtig und muss Anfang 2009 eine Steuererklärung für dieses Jahr ausfüllen. Nadine R. wird 2008 erst 17-jährig, tritt aber im Herbst ihre Lehrstelle an. Damit wird sie, obwohl noch nicht 18, ebenfalls für dieses Jahr steuerpflichtig.

Bei der direkten Bundessteuer und in den meisten Kantonen gibt es übrigens keine Altersgrenze nach unten, ab der Jugendliche Erwerbseinkommen versteuern müssen. Die Ausnahmen: Im Tessin sind Erwerbseinkommen von Kindern unter 18 Jahren allgemein steuerfrei, im Aargau sind nur Lehrlinge unter 18 Jahren von den Steuern befreit. Einige Kantone gewähren Spezialabzüge.

Aufgepasst: Die Steuerpflicht gilt nicht nur für das eigentliche Erwerbseinkommen, sondern auch für sogenanntes Ersatzeinkommen, das sind Leistungen, die anstelle von Erwerbseinkommen gezahlt werden wie Arbeitslosengeld oder Krankentaggelder. Aufgepasst zum Zweiten: Das gilt allerdings nur für diese Einkommensarten. Weitere Einkommen unmündiger Kinder und Jugendlicher wie Sparzinsen oder Mietzinseinnahmen – das ist durchaus denkbar – müssen von den Eltern bzw. vom Inhaber der elterlichen Sorge versteuert werden. Was ebenfalls nicht vergessen werden darf: Grössere Geschenke, welche die Kinder erhalten haben, müssen ebenfalls von den Eltern deklariert und nach den Ansätzen der Schenkungssteuer versteuert werden.

Abzüge für Kinder

Der Gesetzgeber sieht ein, dass Kinder nicht nur Freude bereiten, sondern auch kosten. Tatsächlich belasten sie das Familienbudget sogar stark. Eine vor einigen Jahren publizierte Studie der Universität Freiburg ergab, dass das erste Kind einer Familie zusätzliche Kosten von 24 Prozent verursacht, das zweite weitere 19 und das dritte noch 17 Prozent. Damit müsste ein Ehepaar mit einem Kind das 1,24-fache Einkommen eines kinderlosen Ehepaars haben, um auf denselben Lebensstandard zu kommen, eines mit zwei Kindern das 1,43-fache, eines mit drei Kindern das 1,6-fache.

Um Familien mit Kindern steuerlich zu entlasten, erlauben deshalb sowohl der Bund als auch die Kantone, in der Steuererklärung für jedes Kind einen festen Betrag abzuziehen. Die Spannweite reicht von 750 bis 10 900 Franken, der Bund liegt mit 6100 Franken in der Mitte (siehe auch Seite 90; Zusammenstellung der Abzüge im Anhang, Seite 226). Die Abzüge sind so lange erlaubt, bis das betreffende Kind 18-jährig wird, für Jugendliche in Ausbildung auch darüber hinaus. In den meisten Kantonen werden diese Abzüge allerdings nur zugestanden, wenn das Kind nicht selbst genug Geld für seinen Lebensunterhalt verdient.

Mit einem weiteren Abzug tragen die Steuerbehörden der gesellschaftlichen Realität Rechnung, dass in vielen Familien Vater und Mutter arbeiten und sich nicht die ganze Zeit um die Kinder kümmern können. Sind beide Eltern erwerbstätig, gewähren die meisten Kantone einen Steuerabzug, ebenso wenn der Vater oder die Mutter invalid ist und deshalb die Kinder nicht betreuen kann.

Alimente werden wie Einkommen besteuert

Alimente werden steuerlich recht logisch behandelt: Wer sie zahlt, darf sie vom Einkommen abziehen; wer sie bekommt, muss sie dafür als Einkommen versteuern. Da der Gesetzgeber davon ausgeht, dass diejenige Person, welche die Alimente versteuert, für die Kinder wesentlich aufkommt, darf diese Person auch den Kinderabzug geltend machen.

Eine wichtige Ausnahme: Für die Kinderalimente gilt dies nur so lange, wie die Empfängerin oder der Empfänger nicht volljährig ist. Danach können diese Gelder weder beim zahlenden Elternteil abgezogen noch müssen sie vom Kind versteuert werden.

Anders als bei den üblichen monatlichen Unterhaltsbeiträgen ist die Regelung für Alimente in Form einer einmaligen Kapitalleistung: Sie sind bei der direkten Bundessteuer sowie in den meisten Kantonen nicht steuerpflichtig, weder beim Zahlenden noch bei der Empfängerin. Einzig der Kanton Wallis behandelt solche Kapitalleistungen genau gleich wie die Rentenalimente.

 Früher gingen die Gerichte bei der Festlegung von Kinderalimenten davon aus, dass der sorgeberechtigte Elternteil – meist die Mutter – diese nicht versteuern müsse. Die heutige Regelung bedeutet eine erhebliche Mehrbelastung für solche Mütter; sie können allenfalls in einem Abänderungsprozess verlangen, dass die Kinderalimente an die neue steuerliche Situation angepasst werden.

Steuern für das Eigenheim

Eigenheimbesitzer werden zu Steuerspezialisten. Die Höhe der Hypothekarschuld und der Schuldzinsen, die Art der Finanzierung, die Auslagen für Renovationen und vor allem der Zeitpunkt der Renovationen sind immer auch unter dem steuerlichen Aspekt zu betrachten. Zudem machen Eigenheimbesitzern Bekanntschaft mit Steuern, die ihnen als Mieter nicht begegnet sind.

Steuergesetze für Eigenheimbesitzer

Kann ich mit dem Kauf eines Hauses Steuern sparen? Diese Frage wird immer wieder gestellt. Doch sie ist falsch. Auch, ob der Kauf schliesslich billiger zu stehen kommt als die Miete, ist sekundär. Eigenheimbesitzer zu sein ist vorab eine emotionale Angelegenheit.

Sicher ist aber, dass Sie als angehender Eigenheimbesitzer mit neuen Steuern konfrontiert werden. Sicher ist auch, dass Sie sich in Steuersachen geschickter oder weniger geschickt anstellen können.

Die Liegenschaftssteuer

Das Eigenheim muss man als Vermögen versteuern. Damit gibt sich die öffentliche Hand nicht überall zufrieden; verschiedene Kantone besteuern das Objekt ein zweites Mal mit der Liegenschaftssteuer, auch Grund- oder Grundstücksteuer genannt. Es handelt sich um eine Objektsteuer, die sich nur an der Liegenschaft und nicht an der persönlichen Leistungsfähigkeit des Eigentümers orientiert. Bemessungsgrundlage ist der Bruttowert, das heisst, die auf dem Grundstück lastenden Hypotheken können nicht in Abzug gebracht werden. Liegenschaftssteuern werden teils von den Kantonen, teils von den Gemeinden, teils von beiden erhoben. Der Steuersatz ist proportional. Er liegt zwischen 0,3 und 3 Promille des Steuerwerts der Liegenschaft.

Die Handänderungssteuer

Wechselt eine Liegenschaft den Besitzer, fallen Handänderungssteuern an. Jeder Kanton erhebt diese Steuer nach eigenem Geschmack; denn das Steuerharmonisierungsgesetz hat in diesem Bereich keine Wirkung. Die Kantone Aargau, Glarus, Schaffhausen, Schwyz (ab 2009), Uri und Zürich kennen keine Handänderungssteuer, dafür eine Handänderungsgebühr. Mit der Gebühr werden bloss die effektiv anfallenden Kosten in Rechnung gestellt.

Häufig ist der Käufer steuerpflichtig. In Baselland, Obwalden, Schaffhausen und Zürich müssen Käufer und Verkäufer den Betrag je zur Hälfte übernehmen. In den Kantonen Aargau, Appenzell AR, Glarus, Uri und Zug ist es Verhandlungssache, ob der Käufer, der Verkäufer oder beide die Steuer bzw. Gebühr bezahlen.

Wird Wohneigentum auf den Ehegatten oder auf die Kinder übertragen, fallen in den meisten Kantonen keine Handänderungssteuern an. Zudem kennt praktisch jeder Kanton noch Sonderregelungen. Im Kanton Baselland beispielsweise wird beim Käufer keine Steuer erhoben, wenn er im neu gekauften Eigenheim selber wohnt.

Die Grundstückgewinnsteuer

Nicht zu verwechseln mit der Handänderungssteuer ist die Grundstückgewinnsteuer. Auch sie knüpft an den Eigentümerwechsel einer Liegenschaft an. Doch Gegenstand der Grundstückgewinnsteuer ist nicht die Handänderung als solche, sondern der dabei erzielte Gewinn. Der steuerbare Gewinn ergibt sich aus der Differenz zwischen dem seinerzeitigen Kaufs- und dem Verkaufspreis. Zum Kaufpreis können die wertvermehrenden Aufwendungen hinzugezählt werden. Wer vor vielen Jahren eine Liegenschaft erworben hat, wird sie heute unter Umständen um ein Vielfaches des damaligen Preises veräussern können. Bei derart hohen Gewinnen kann die Grundstückgewinnsteuer bis zu 30 Prozent des Erlöses ausmachen.

Wer mit Immobilien spekuliert und kurzfristig hohe Gewinne erzielt, wird stärker belastet als jemand, der nach längerer Zeit seine Liegenschaft verkauft. Die meisten Kantone gewähren eine Steuerermässigung für jedes Jahr, während dem der Verkäufer Eigentümer war.

✴ Unter den Begriff Grundstück fallen nicht nur Häuser und Landparzellen, sondern auch Miteigentumsanteile an Grundstücken, Stockwerkeigentumseinheiten und in das Grundbuch aufgenommene selbständige und dauernde Rechte, die für mindestens 30 Jahre begründet sind, zum Beispiel ein Baurecht.

Alle 26 **Kantone** kennen die Grundstückgewinnsteuer. Die Regelungen sind kantonal unterschiedlich, wurden aber mit dem Steuerharmonisierungsgesetz in gewisser Hinsicht vereinheitlicht. So ist immer der Verkäufer der Liegenschaft steuerpflichtig. Im notariellen Kaufvertrag lässt sich zwar vereinbaren, dass die Erwerberin die Kosten für die Grundstückgewinnsteuer übernimmt. Gegenüber dem Fiskus ist eine solche Vereinbarung jedoch nicht bindend; steuerpflichtig bleibt von Gesetzes wegen der Veräusserer. Kann oder will die Erwerberin nicht zahlen, wird der Fiskus trotz gegenteiliger notarieller Vereinbarung den Veräusserer belangen.

♀ Aufgepasst: Die Grundstückgewinnsteuer ist zwar vom Verkäufer geschuldet. Trotzdem sollten Sie sich als Käufer absichern für den Fall, dass er die Steuer nicht zahlt. Denn in den meisten Kantonen kann die Gemeinde in einem solchen Fall auf der Liegenschaft ein Grundpfand errichten und dann bleibt die Schuld bei Zahlungsunfähigkeit des Verkäufers doch an Ihnen hängen. Am besten behalten Sie sich im Kaufvertrag das Recht vor, die voraussichtliche Grundstückgewinnsteuer auf ein Treuhandkonto von Bank oder Notar zu überweisen. Dann zahlen diese daraus die Steuer und händigen den Restbetrag dem Verkäufer aus

Der **Bund** erhebt keine Grundstückgewinnsteuer. Befindet sich die Liegenschaft im Privatvermögen, bleibt der aus dem Verkauf erzielte Gewinn steuerfrei. Befindet sich eine Liegenschaft dagegen im Geschäftsvermögen, wird der Liegenschaftsgewinn als Einkommen aus selbständiger Erwerbstätigkeit oder Gewinn einer juristischen Person besteuert.

Weitere Kosten

Beim Eigentümerwechsel einer Liegenschaft verdient der Staat mit. Doch die Handänderungs- und die Grundstückgewinnsteuer sind nicht die einzigen Abgaben beim Kauf eines Eigenheims.

Notar und Grundbuchamt Der Kaufvertrag einer Liegenschaft muss im Beisein eines Notars unterschrieben werden. Die Kantone Appenzell, Schaffhausen, Schwyz, Thurgau und Zürich kennen das System des Amtsnotariats. Die anderen Kantone haben freiberufliche Notare oder Mischformen. Für Notare gibt es so viele Entlöhnungssysteme, wie es Kantone gibt. Ein Beispiel:

 Im Kanton Bern wird eine Grundgebühr plus eine Gebühr nach Arbeitsaufwand verrechnet. Der prozentuale Satz für die Grundgebühr beträgt für die ersten 200 000 Franken 5 Promille und nimmt mit zunehmender Höhe des Kaufpreises ab. Für die Verhandlungen und für die Abklärungen, die der Beurkundung vorangehen, wird zusätzlich ein Stundenhonorar von 150 bis 230 Franken verlangt. Und schliesslich ist auf der Notariatsrechnung noch die Mehrwertsteuer von 7,6 Prozent zu bezahlen.

Jeder Eigentümer eines Grundstücks muss im Grundbuch eingetragen werden. Auch das kostet. Und auch die Kosten für die Beurkundung, die in der Regel vom Notar vorgenommen wird, variieren von Kanton zu Kanton. Sie werden häufig in Promille der Kaufsumme ausgedrückt. Im Kanton Aargau zum Beispiel sind es 5 Promille.

Schuldbriefe Damit ein Eigenheimkäufer überhaupt eine Hypothek aufnehmen kann, müssen Schuldbriefe errichtet werden. Häufig kann man vom Verkäufer die bestehenden Schuldbriefe übernehmen. Wenn nicht, wird das Eigenheim nochmals ein paar Tausend Franken teurer. Wollen Sie zum Beispiel eine Hypothek von 450 000 Franken aufnehmen, müssen für diesen Betrag Schuldbriefe erstellt werden. Auf dem Betrag wird eine Pfandrechtssteuer erhoben; die

Höhe ist von Kanton zu Kanton verschieden. Zudem wird das Grundbuchamt für jeden Schuldbrief einen bestimmten Betrag verlangen. Und schliesslich muss der Notar die Schuldbriefe beurkunden, was auch nicht gratis ist.

Hypothek Die Bank verlangt für die Hypothek nicht nur einen periodischen Zins, sondern auch eine Kreditprüfungsgebühr. Bei der UBS beträgt sie 1 Promille vom Hypothekarbetrag, jedoch mindestens 350 und höchstens 1000 Franken. Die Credit Suisse kennt zwar offiziell keine solche Gebühr, dafür verlangt sie unter Umständen, dass die Kunden die Liegenschaft schätzen lassen. Die Kreditprüfungsgebühr ist verhandelbar. Beim scharfen Konkurrenzkampf, wie er zurzeit unter den Banken herrscht, sind die Kunden in einer Position der Stärke. Konkret: Auf hartnäckiges Nachfragen hin wird Ihnen die Gebühr erlassen.

Marktwertschätzung Die oben genannten Kosten verteuern eine Liegenschaft. Auch eine Marktwertschätzung kostet Geld. Dieser Aufwand kann sich aber möglicherweise lohnen, nämlich dann, wenn der Schätzungsexperte einen viel tieferen Marktpreis ermittelt, als man zu zahlen bereit gewesen wäre. Professionelle Liegenschaftenschätzer finden Sie beim schweizerischen Verband der Immobilientreuhänder (SVIT), der eine Schätzungsexpertenkammer führt. Die Kosten belaufen sich auf 1000 bis 1500 Franken. Auch Architekten führen Schätzungen durch.

> **Q** Im Internet können Sie selber eine Bewertung der Liegenschaft vornehmen (www.iazi.ch; Kosten 300 bis 350 Franken). Dabei geben Sie eine Reihe von Daten zum Objekt ein. In einer grossen Datenbank werden Ihre Angaben mit ähnlichen Liegenschaften verglichen, die in den letzten Jahren verkauft wurden und deren Preis bekannt ist. Auf diese Weise lässt sich der Wert einer Liegenschaft recht genau bestimmen.

Steuerfragen beim Kauf und Bau des Eigenheims

«Der Bund fördert den Wohnungsbau, den Erwerb von Wohnungs- und Hauseigentum, das dem Eigenbedarf Privater dient.» So steht es in Artikel 108 der Bundesverfassung. Weil der Besitz von Wohneigentum auch eine Art der Altersvorsorge ist, dürfen für den Kauf einer selbst genutzten Liegenschaft Gelder aus der 2. Säule und der Säule 3a verwendet werden.

Auch wenn Sie Ihr Eigenheim nicht kaufen, sondern selber bauen, gibt es verschiedene steuerliche Aspekte zu berücksichtigen.

Alle weiteren Fragen rund um Kauf und Bau Ihrer eigenen vier Wände finden Sie beantwortet im Beobachter-Ratgeber «Der Weg zum Eigenheim. Kauf, Bau, Finanzierung und Unterhalt» (www.beobachter.ch/buchshop).

Steuergünstiges Eigenkapital von der Pensionskasse

Die Finanzierung von Wohneigentum mit Geld aus der 2. Säule ist im Bundesgesetz über die berufliche Vorsorge (BVG) geregelt. Es gibt zwei Möglichkeiten: den Vorbezug und die Verpfändung.

Regeln für den Vorbezug Können Sie für den Kauf Ihres Eigenheims nicht genug Eigenkapital aufbringen, dürfen Sie dafür Ihr Pensionskassenguthaben vorbeziehen. Dabei müssen Sie folgende Regeln beachten:

— Nur eine selbst bewohnte, dauernd genutzte Liegenschaft kann mit Geldern der 2. Säule finanziert werden, nicht aber eine Ferienwohnung oder ein Mietshaus.

— Das Geld der 2. Säule darf für Alleineigentum, für Miteigentum, für Stockwerkeigentum oder für ein Baurecht eingesetzt werden. Auch eine Abzahlung der Hypothek mit Pensionskassenguthaben ist möglich.

— Der Mindestbetrag für den Vorbezug beträgt 20 000 Franken.

— Das Guthaben kann nur bis drei Jahre vor Erreichen des reglementarischen Pensionierungsalters vorbezogen werden. Sieht das Pensionskassenreglement Frühpensionierungen mit 58 vor, müssen Sie das Geld vor dem 55. Geburtstag bezogen haben.

— Bis Alter 50 kann man das gesamte Pensionskassenguthaben vorbeziehen, ab Alter 50 entweder den Betrag, den man mit 50 hätte vorbeziehen können, oder die Hälfte des aktuellen Guthabens – je nachdem, welche Summe die höhere ist.

— Der vorbezogene Betrag muss versteuert werden – und zwar getrennt vom übrigen Einkommen zu einem speziellen Tarif (siehe Tabelle auf Seite 228). Zahlt man den Betrag später wieder in die Pensionskasse zurück, wird die Steuer zurückerstattet, allerdings ohne Zins.

— Verheiratete brauchen für den Vorbezug die schriftliche Zustimmung des Ehemanns bzw. der Ehefrau.

Vorbezug oder Verpfändung? Meist ist es vorteilhafter, das Pensionskassenguthaben zu verpfänden statt es vorzubeziehen. Für die Verpfändung gelten die gleichen Regeln wie für den Vorbezug. Das Geld bleibt aber in der Pensionskasse und würde von der Bank nur bei Zahlungsunfähigkeit des Schuldners beschlagnahmt. Das verpfändete Kapital dient der Bank als Sicherheit, sodass sie günstigere Konditionen und eine höhere Hypothek anbieten kann. Über eines muss man sich freilich im Klaren sein: Das verpfändete Kapital ist blockiert. Sowohl für eine Barauszahlung (etwa bei Aufnahme einer selbständigen Erwerbstätigkeit) wie auch für die Halbierung des Pensionskassenguthabens bei Scheidung braucht es die Zustimmung der Hypothekarbank.

Der grösste Vorteil der Verpfändung liegt darin, dass Sie weiterhin voll versichert bleiben. Ein Vorbezug dagegen reduziert die Altersleistungen und unter Umständen auch den Risikoschutz bei Invalidität und Tod.

Zu einer Besteuerung kommt es bei der Verpfändung nur im schlimmsten Fall, wenn nämlich die Bank zur Verwertung der verpfändeten Vorsorgeguthaben schreitet. Ein weiterer Vorteil der Verpfändung besteht darin, dass die Hypothek mit dem Pensionskassengeld nicht reduziert, sondern nur abgesichert wird und Sie deshalb die vollen Schuldzinsen weiterhin in der Steuererklärung abziehen können.

Falls Sie Pensionskassenguthaben für die Finanzierung Ihres Eigenheims verwenden wollen, wählen Sie besser die Verpfändung als den Vorbezug. Zum einen kommt es nicht zu einer Auszahlung von Pensionskassengeldern, die besteuert würde; zum andern sind die nachteiligen Auswirkungen auf die künftigen Leistungen der Pensionskasse weniger schwerwiegend.

Wählen Sie den Vorbezug, sollten Sie die Risiken Tod und Invalidität mit einer freiwilligen Zusatzversicherung wieder absichern.
Wenn Sie vorbezogenes Kapital wieder in die Pensionskasse einbringen, können Sie die seinerzeit bezahlten Steuern zurückfordern. Diese Rückforderung müssen Sie innert drei Jahren seit dem Wiedereinzahlen beantragen und Sie müssen die damalige Steuerrechung beilegen können.

Aufgepasst: Einkäufe in die Pensionskasse sind erst wieder möglich, wenn Sie frühere Vorbezüge zurückgezahlt haben.

Finanzierung mit Guthaben der Säule 3a

Auch mit Guthaben der Säule 3a lässt sich selbst genutztes Wohneigentum finanzieren. Die Bedingungen sind im Wesentlichen dieselben wie bei der Pensionskasse.

Wer in die Säule 3a einzahlt, tut dies in erster Linie wegen des steuerlichen Abzugs (siehe Seite 189). Die Rendite des 3a-Sparens ist nicht berauschend. Doch je länger das Geld auf dem 3a-Konto liegt, desto eher verpufft die bei der Einzahlung erzielte Steuerersparnis. Deshalb drängt es sich schon fast auf, Gelder der Säule 3a für den Erwerb des Eigenheims oder die Amortisation der Hypothek einzusetzen. Kommt hinzu, dass das 3a-Konto im Unterschied zur Pensionskasse keine Risikoversicherung beinhaltet.

Der Vorbezug von Vorsorgekapital der Säule 3a wird ebenfalls separat vom übrigen Einkommen besteuert. Der Bund erhebt eine Jahressteuer von einem Fünftel der ordentlichen Tarife; für die Kantone schreibt das Steuerharmonisierungsgesetz die Besteuerung zu einer vollen Jahressteuer vor.

> Sowohl beim Bund wie auch in den Kantonen können Sie die Progression dadurch brechen, dass Sie alle fünf Jahre die Auszahlung von Teilbeträgen Ihres 3a-Guthabens zum Erwerb von selbst genutztem Wohneigentum bzw. zur Amortisation der darauf lastenden Hypotheken verlangen.

Steuerfragen beim Bau

Die Kosten für den Bau eines Eigenheims sind sogenannte Anlagekosten, die sich im Gegensatz zu den Unterhaltskosten nicht vom steuerbaren Einkommen abziehen lassen. Wird das Haus jedoch später mit Gewinn verkauft, darf man die Baukosten zusammen mit dem Erwerbspreis des Landes als Anlagekosten vom Verkaufserlös abziehen (siehe Seite 131). Das reduziert die Grundstückgewinnsteuer. Deshalb lohnt es sich, die Rechnungen gut aufzubewahren.

Baukreditzinsen Während der Bauphase verfügen zukünftige Eigenheimbesitzer in der Regel über einen Baukredit, der dann nach Abschluss der Arbeiten durch eine normale Hypothek abgelöst wird. Beim Bund und in den meisten Kantonen gelten Baukreditzinsen als Anlagekosten. Mit anderen Worten: Sie können nicht als normale Schuldzinsen vom steuerbaren Einkommen abgezogen werden. Auch diese Kosten werden erst beim Verkauf der Liegenschaft bei der Grundstückgewinnsteuer relevant. Da kaum jemand sein Eigenheim kurz nach der Erstellung wieder verkauft, kommen Baukreditzinsen meist erst nach längerer Zeit zum Abzug.

Aus Gründen der Liquidität und der Verzinsung wäre es natürlich vorteilhaft, die Baukreditzinsen sofort vom steuerbaren Einkommen abziehen zu können. Deshalb folgender Tipp an Bauherren, die bereits über Grundbesitz verfügen: Nehmen Sie anstelle eines Baukredits eine normale Hypothek auf einem anderen, Ihnen gehörenden Haus auf. Die Zinsen dieser Hypothek können Sie sofort vom steuerbaren Einkommen abziehen.

Mehrwertsteuer Auch die Materialien und Leistungen für den Bau einer Liegenschaft sind mehrwertsteuerpflichtig. Da wirkt sich aus, dass diese Steuer grundsätzlich vom Endverbraucher getragen werden muss (siehe Seite 29).

— Lassen Sie als Privatperson ein Eigenheim bauen, sind Sie Endverbraucher und können deshalb die Mehrwertsteuer, die Sie mit den Rechnungen der Handwerker bezahlen, nicht zurückfordern.

— Anders verhält es sich beim Bau einer Liegenschaft, die geschäftlichen Zwecken dienen soll: Die Inhaberin einer Autogarage, die ein neues Betriebsgebäude mit Werkstätten und Ausstellungsräumen erstellen lässt, kann die in den Baukosten enthaltene Mehrwertsteuer zurückfordern. Denn das Gebäude dient ausschliesslich geschäftlichen Zwecken und sie tritt bei diesen Bauarbeiten in keiner Weise als Konsumentin auf.

— Erstellt ein Handwerker oder Bauunternehmer mit seiner eigenen Einzelfirma ein Eigenheim für sich privat, muss er – obwohl er Unternehmer ist – sogar auf den Eigenleistungen die Mehrwertsteuer abliefern. Gemäss Mehrwertsteuergesetz werden Arbeiten an Bauwerken, die der Steuerpflichtige für private und damit nicht steuerpflichtige Zwecke nutzt, in der Form des baugewerblichen Eigenverbrauchs erfasst. Der Bauunternehmer muss also die eigenen Leistungen an seinem Haus als Eigenverbrauch versteuern; die Vorsteuer auf den Leistungen Dritter kann er abziehen. Zweck dieser Regelung ist die steuerliche Gleichbehandlung von mehrwertsteuerpflichtigen und nicht mehrwertsteuerpflichtigen Personen.

Das Bausparen

Immer wieder wurden in der Vergangenheit Vorstösse unternommen, um das Bauen von Wohneigentum steuerlich zu erleichtern. Bisher kennt aber nur der Kanton Baselland ein Bausparmodell – das allerdings schon seit 1991. Danach werden Bausparrücklagen während maximal zehn Jahren bis zu einem jährlichen Höchstbetrag von 12 730 Franken pro Person von der Steuer befreit. Die Rücklagen müssen dem erstmaligen Erwerb von selbst genutztem Wohneigentum in der Schweiz dienen. Nach Ablauf der zehnjährigen Maximalfrist muss das Eigenheim innert zwei Jahren beschafft werden, sonst kommt es zur Nachbesteuerung.

Gemäss dem Steuerharmonisierungsgesetz sind die von Baselland gewährten Steuerabzüge seit Anfang 2005 eigentlich nicht mehr zulässig. Doch Vertreter des Baselbiets reichten parlamentarische Vorstösse ein, um das Thema am Kochen zu halten.

Bisher sind die Bestrebungen, das Bausparen schweizweit einzuführen, am politischen Widerstand gescheitert. Der Ständerat hat in der Juni-Session 2008 eine entsprechende parlamentarische Initiative abgelehnt. Die Gegner des Bausparens monierten, der Erfolg des

Baselbieter Modells sei nicht nachgewiesen. In Gebieten, die keine solchen Steuerabzüge kennen, sei der Wohneigentumsanteil zum Teil noch stärker angestiegen. Zudem werde das Wohneigentum mit der Möglichkeit, Mittel der 2. Säule und der Säule 3a zu verwenden, bereits genügend gefördert.

Doch das letzte Wort ist noch nicht gesprochen: Zwei Volksinitiativen sind unterwegs, die das Bausparen auf Verfassungsebene verankern möchten. Die sogenannte Baselbieter Initiative zielt darauf ab, das Baselbieter Modell landesweit zuzulassen. Und mit der Initiative «Eigene vier Wände dank Bausparen» des Schweizer Hauseigentümerverbands sollen angehende Hauskäufer das Recht erhalten, während maximal zehn Jahren je 10 000 Franken von den Steuern abzuziehen.

Steuerfragen bei der Nutzung

Hausbesitzer haben gegenüber Mietern steuerliche Vorteile. Vor allem aber können sie mit Ausbau und Renovationen die Steuerbelastung beeinflussen, was den Mietern weitgehend verwehrt bleibt.

Zuerst aber wird das Eigenheim besteuert: einerseits als Vermögen und anderseits – über den Eigenmietwert – auch beim Einkommen.

Der Eigenmietwert

Mieter können den Mietzins nicht vom steuerbaren Einkommen in Abzug bringen; der Eigenheimbesitzer dagegen kann die Hypothekar- und andere Schuldzinsen steuerlich voll geltend machen. Ungerecht ist das nur auf den ersten Blick, denn Eigentümer von Liegenschaften zahlen dafür Einkommenssteuern. Wenn sie ihr Haus oder ihre Wohnung vermieten, müssen sie die Mieteinnahmen als Einkommen versteuern. Und wenn sie in den eigenen vier Wänden selber wohnen, versteuern sie den sogenannten Eigenmietwert als fiktives Einkommen. Dieser Eigenmietwert sollte im Prinzip dem Mietzins entsprechen, der bei einer Vermietung an Dritte erzielt werden könnte.

Den Eigenmietwert muss man auch dann als fiktives Einkommen versteuern, wenn man das Objekt nicht dauernd bewohnt. Behalten

Die Zwillingsinitiative

Die Versteuerung des Eigenmietwerts ist den Interessenvertretern der Hauseigentümer ein chronisches Ärgernis. Beim Steuerpaket, das im Mai 2004 von den Stimmbürgerinnen und Stimmbürgern abgelehnt wurde, war auch die Abschaffung dieser Versteuerung vorgesehen, wobei gleichzeitig die Schuldzinsen nicht mehr hätten abgezogen werden können. Dieser Systemwechsel bei der Besteuerung von Wohneigentum war mit ein Grund, weshalb das Steuerpaket nicht akzeptiert wurde.

Doch der Schweizerische Hauseigentümerverband lässt nicht locker. Im September 2007 lancierte er die sogenannte Zwillingsinitiative. Es handelt sich um zwei Volksbegehren, die – im Unterschied zu Zwillingen – miteinander nichts zu tun haben: Beim einen geht es ums Bausparen («Eigene vier Wände dank Bausparen», siehe Seite 140). Das andere, «Sicheres Wohnen im Alter», will die Versteuerung des Eigenmietwerts zumindest im AHV-Alter abschaffen. Angehende Rentner sollen die Wahl zwischen zwei Varianten erhalten: entweder wie bisher Eigenmietwertbesteuerung und Abzug der Schuldzinsen oder Wegfall von beidem. Bei Beginn des Rentenalters müssten sich Eigenheimbesitzer für die eine oder andere Variante entscheiden; ein Entscheid der dann nicht mehr rückgängig gemacht werden könnte. Der Hauseigentümerverband argumentiert, dass viele Leute bis zum Pensionierungsalter die Hypotheken weitgehend zurückgezahlt hätten. Dann sei es ungerecht, wenn sie den Eigenmietwert weiterhin versteuern müssten und vom Schuldzinsabzug kaum mehr profitieren könnten. Die beiden Volksbegehren dürften in vier bis sechs Jahren zur Abstimmung kommen.

Sie Ihre Ferienwohnung im Wallis das ganze Jahr für sich frei, müssen Sie den vollen Eigenmietwert versteuern, auch wenn Sie sie nur ein paar Wochen pro Jahr nutzen (siehe auch Seite 144).

In gewissen Situationen entfällt die Versteuerung des Eigenmietwerts, obschon das Eigenheim nicht vermietet ist:

— bei Objekten, für die trotz aller Bemühungen kein passender Mieter gefunden werden kann

— bei leer stehenden Liegenschaften, die sich in einem derart schlechten Zustand befinden, dass sie gar nicht genutzt werden können, sondern renoviert werden müssen

— bei grösseren Renovationsarbeiten, während denen die Wohnung oder das Haus nicht genutzt werden können

Unternutzungsabzug Beim Bund und in einigen Kantonen bestimmen die Steuergesetze, dass der Eigenmietwert «unter Berücksichtigung der ortsüblichen Verhältnisse und der tatsächlichen Nutzung der am Wohnsitz selbst bewohnten Liegenschaft» festgesetzt werden soll. Das Kriterium der tatsächlichen Nutzung führt dazu, dass Sie, wenn Ihr Eigenheim aufgrund nachträglicher Veränderungen zu gross geworden ist, bei den Steuern einen Unternutzungsabzug geltend machen können. Voraussetzungen für die Gewährung dieses Abzugs sind:

— Ein Teil der bisher für Wohnzwecke genutzten Räume wird nicht mehr benutzt – beispielsweise weil die Kinder ausgezogen sind, nach einer Scheidung oder wenn ein Ehepartner gestorben ist.

— Die einzelnen Räume werden dauernd nicht mehr benützt; eine sporadische Benutzung als Gäste- oder Bastelzimmer schliesst den Unternutzungsabzug aus.

Der Unternutzungsabzug muss ausdrücklich beantragt werden. Welche Kantone ihn zulassen, sehen Sie in der folgenden Tabelle.

Unternutzungsabzug beim Bund und in den Kantonen

Abzug erlaubt	Kein Abzug
Bund	AG
BL	AI
GR	AR
NW	BE
OW	BS
SH	FR
SZ	GL
UR	LU
VS	NE
ZG	SG
ZH	SO
	TG
	TI
	VD

Keine Angaben: GE und JU

Quelle: Angaben der kantonalen Steuerämter

Einschlag in Härtefällen Im Kanton Zürich wird ein Einschlag gewährt, wenn der Eigenmietwert zu den Einkommens- und Vermögensverhältnissen der steuerpflichtigen Person in einem offensichtlichen Missverhältnis steht. Dies ist dann der Fall, wenn der Eigenmietwert mehr als einen Drittel der Einkünfte ausmacht. Die Kantone Waadt und Luzern kennen eine ähnliche Regelung, die sowohl für Mieter als auch für Hauseigentümer gilt.

Vermietung von Liegenschaften und Eigenmietwert Wer als Privatperson seine Liegenschaft vermietet, muss natürlich keinen Eigenmietwert versteuern. Die Mieteinnahmen aber unterliegen der Einkommenssteuer. Gerade bei Ferienwohnungen gibt es einige Mischformen von Selbstnutzen und Vermieten:

— **Zeitweise Vermietung des Eigenheims:** Wer beispielsweise seine Ferienwohnung nicht das ganze Jahr selbst nutzt (oder leer stehen lässt), sondern während einigen Monaten im Jahr an Dritte vermietet, muss für die Dauer der Vermietung den Mietzins versteuern, kann aber pro rata den Eigenmietwert herabsetzen.

— **Vermietung von möblierten Zimmern oder Ferienwohnungen:** Wer ein möbliertes Zimmer oder eine möblierte Ferienwohnung vermietet, kann in gewissen Kantonen für die Abnützung der Wohnungseinrichtung einen zusätzlichen Abzug vornehmen. Im Kanton Bern beispielsweise darf man für die Abnützung der Wohnungseinrichtung einen Pauschalabzug von 20 Prozent der Miete, aber höchstens 3000 Franken pro möbliert vermietete Wohnungseinheit geltend machen.

— **Kostenlose Überlassung oder Vermietung an Nahestehende:** Es kann vorkommen, dass jemand sein Eigenheim seinen Verwandten gratis zur Nutzung überlässt. In diesem Fall hat er den vollen Eigenmietwert zu versteuern, wie wenn er das Haus selbst bewohnen würde, und der «Mieter» riskiert ausserdem noch, Schenkungssteuer bezahlen zu müssen.

Wenn Sie Ihren Kindern oder nahen Verwandten ein Haus kostengünstig zur Nutzung überlassen wollen, sollten Sie einen Mietvertrag zu einem Freundschaftspreis abschliessen. Dieser kann problemlos unter dem Eigenmietwert liegen. Dann versteuern Sie anstelle des Eigenmietwerts die niedrigere Miete. Aber aufgepasst: Dieser Tipp gilt nicht für alle Kantone. Einige Steuergesetze bestimmen ausdrücklich, dass der Eigenmietwert «auch dann voll steuerbar» ist, «wenn das Grundstück zu einem tieferen Miet- oder Pachtzins einer nahe stehenden Person überlassen wird».

Renovieren und Steuern sparen

Je grösser die Umbauarbeiten sind, desto wichtiger wird die Frage, ob und in welchem Umfang sich die Kosten dafür vom steuerbaren Einkommen in Abzug bringen lassen. Als Regel gilt, dass Kosten für werterhaltenden Unterhalt vollumfänglich abgezogen werden können, während die Ausgaben für Arbeiten, die zu einer Wertvermehrung führen, als nicht abzugsfähige Anlagekosten taxiert werden.

 Die Steuern sind nur ein Aspekt unter vielen. Was Sie für eine gelungene Renovation alles beachten sollten, lesen Sie im Praxishandbuch des Beobachters «Umbauen, Renovieren, Erweitern. Machen Sie das Beste aus Ihrem Eigenheim» (www.beobachter.ch/buchshop).

Dumont-Praxis Im Normalfall gehen Liegenschaftenbesitzer davon aus, dass sie bei einer Renovation mindestens den Teil der Kosten, der der Werterhaltung dient, vom steuerbaren Einkommen abziehen können. Das gilt jedoch nicht unbedingt, wenn die Liegenschaft erst vor Kurzem erworben wurde. 1973 fällte das Bundesgericht einen wegweisenden Entscheid: Bei vernachlässigten Liegenschaften dürfen Unterhaltskosten in den ersten fünf Jahren nach dem Erwerb nicht abgezogen werden. Diese sogenannte Dumont-Praxis wurde damit begründet, dass der Kaufpreis für solche Liegenschaften in der Regel so tief liege, dass die ersten Renovationen wertvermehrender Natur seien. In der Steuererklärung dürften aber nur werterhaltende Investitionen geltend gemacht werden.

Die Dumont-Praxis wurde über all die Jahre mehr und mehr durchlöchert. Nun soll sie endgültig abgeschafft werden. In der Herbstsession 2008 hiess der Ständerat eine entsprechende Gesetzesänderung einstimmig gut. Der Nationalrat hatte der Vorlage bereits im Frühjahr 2008 zugestimmt. Die Abschaffung der Dumont-Praxis wird voraussichtlich Anfang 2010 in Kraft treten. Bei der direkten Bundessteuer gilt sie dann sofort, während die Kantone zwei Jahre Zeit für die Anpassung haben.

Prüfen Sie bereits vor dem Kauf einer älteren Liegenschaft, die Sie renovieren möchten, ob die Dumont-Praxis im Kanton, in dem die Liegenschaft gelegen ist, noch gilt oder ob sie gelockert wurde. Am besten erkundigen Sie sich bei den kantonalen Steuerbehörden, ob die Arbeiten, die Sie vornehmen wollen, steuerlich abzugsfähig sind. Lassen Sie sich die Auskunft schriftlich geben.

Wenn Sie ein altes, stark renovationsbedürftiges Objekt kaufen und dann rasch renovieren wollen, können Sie auch versuchen, mit dem Verkäufer eine Vereinbarung zu treffen: Er übernimmt die Sanierungsarbeiten vor dem Verkauf und der Eigentumsübertragung, kann diese Kosten steuerlich absetzen und gibt diese Steuerersparnis nach Abzug einer Entschädigung für seine Umtriebe an Sie weiter. Ein solches Vorgehen setzt allerdings ein grosses Vertrauensverhältnis zwischen den Parteien voraus. Auch sind die Modalitäten vertraglich klar zu regeln, weshalb Sie für die Ausformulierung des Vertrags unbedingt eine Fachperson beiziehen sollten. Und aufgepasst: Die Steuerverwaltung könnte in diesem Fall eine Steuerumgehung annehmen!

Werterhaltende und wertvermehrende Arbeiten Für Liegenschaften im Privatvermögen können sowohl beim Bund als auch in den Kantonen die Unterhaltskosten, die Versicherungsprämien und die Kosten der Verwaltung durch Dritte abgezogen werden. Demgegenüber sind die Aufwendungen für die Anschaffung, Herstellung oder Wertvermehrung von Vermögensgegenständen bei der Einkommenssteuer nicht abziehbar, können dafür aber bei der kantonalen Grundstückgewinnsteuer abgezogen werden.

Diejenigen Kosten, die als wertvermehrende Arbeiten bei der Einkommenssteuer nicht abgezogen werden dürfen, können Sie also bei der Grundstückgewinnsteuer geltend machen und umgekehrt. Voraussetzung für einen Abzug bei der Grundstückgewinnsteuer ist aber, dass die Rechnungen und Belege im Zeitpunkt des Verkaufs noch vorhanden sind.

Investitionen für Energiesparmassnahmen und Umweltschutz Investitionen, die dem Energiesparen oder dem Umweltschutz dienen – etwa der Einbau einer wesentlich moderneren Heizung, die Isolierung der Fassade oder der erstmalige Einbau von Doppelglasfenstern –, gelten grundsätzlich als wertvermehrende Arbeiten und könnten folglich nicht abgezogen werden. Da aber Energiesparen und Umweltschutz im öffentlichen Interesse sind, hat der Gesetzgeber für die direkte Bundessteuer angeordnet, dass Investitionen, die diesen Zielen dienen, trotzdem abgezogen werden dürfen. Abzugsfähig sind Massnahmen zur Verminderung der Energieverluste der Liegenschaft, wie Wärmedämmung, Anbringen von Doppelglasfenstern und von unbeheizten Windfängen, sowie Massnahmen zur rationellen Energienutzung.

Gemäss Steuerharmonisierungsgesetz können die Kantone dieselben Abzüge gewähren, sind aber nicht dazu verpflichtet. Die meisten Kantone haben diese Abzüge in ihre Steuergesetze aufgenommen.

💡 **Wintergarten als Energiesparmassnahme?** Die Kosten für den erstmaligen Anbau eines Wintergartens sind wegen des wertvermehrenden Charakters grundsätzlich nicht abzugsfähig. Falls Sie Ihren Steuerkommissär jedoch überzeugen können, dass es sich dabei um eine «Massnahme zur Verhinderung der Energieverluste der Gebäudehülle» handelt und der Wintergarten auch die Funktion eines unbeheizten Windfangs hat, können Sie die Kosten allenfalls trotzdem abziehen.

Kosten denkmalpflegerischer Arbeiten Der Abzug von Kosten denkmalpflegerischer Arbeiten ist ausdrücklich zugelassen, wenn der Steuerpflichtige diese aufgrund gesetzlicher Vorschriften im Einvernehmen mit den Behörden oder auf deren Anordnung hin vorgenommen hat.

Doch nicht alle Arbeiten unter dem Titel Denkmalpflege berechtigen zum Abzug. Das hängt damit zusammen, dass die Bemessung des Eigenmietwerts von Herrschaftshäusern und luxuriösen Villen auf ein Höchstmass beschränkt ist, auf den sogenannten zumutbaren Mietzins, den auch eine Drittperson noch zu zahlen bereit wäre. Sonderausstattungen und besondere Gebäudeteile werden nur insoweit berücksichtigt, als eine Drittperson in vergleichbaren wirtschaftlichen Verhältnissen bereit wäre, dafür Miete zu bezahlen. Folgerichtig ist auch der Abzug von Unterhaltskosten grundsätzlich auf Gebäudeteile beschränkt, die bei der Eigenmietwertbemessung berücksichtigt wurden. Jene, die dabei nicht einbezogen wurden – etwa der antike Gartenpavillon eines Schlosses oder der nicht bewohnbare Turm einer alten Burg –, berechtigen auch nicht zur Geltendmachung von Unterhaltskosten. Sind Renovationen an solchen Teilen nicht von den Behörden vorgeschrieben oder mit ihnen abgesprochen worden, darf man die Kosten dafür nicht abziehen.

Abzug der effektiven Kosten oder Pauschalabzug?

Beim Bund und in den meisten Kantonen können die Steuerpflichtigen wählen, ob sie die tatsächlichen, durch Rechnungen belegten Unterhaltskosten abziehen oder einen Pauschalabzug geltend machen wollen. In jeder Steuerperiode und für jede Liegenschaft kann man neu zwischen beiden Varianten wählen.

Die Unterhaltspauschale beträgt beim Bund sowie in den meisten Kantonen für neuere Liegenschaften 10 Prozent des Mietertrags bzw. des Eigenmietwerts; bei Liegenschaften, die älter als zehn Jahre sind, können pauschal meist 20 Prozent abgezogen werden.

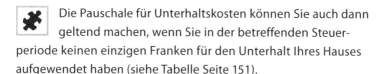 Die Pauschale für Unterhaltskosten können Sie auch dann geltend machen, wenn Sie in der betreffenden Steuerperiode keinen einzigen Franken für den Unterhalt Ihres Hauses aufgewendet haben (siehe Tabelle Seite 151).

Viele Hauseigentümer machen den Fehler, dass sie für den Unterhalt ihrer Liegenschaft jedes Jahr einen etwa gleich hohen Betrag aufwenden, der meist mehr oder weniger dem Pauschalabzug entspricht. Da sie aber ohnehin Anspruch auf den Pauschalabzug hätten, wirken sich solche Unterhaltsarbeiten steuerlich nicht aus.

Steuerlich günstiger ist es, während einiger Jahre so weit möglich ganz auf Unterhaltsarbeiten zu verzichten und anschliessend sämtliche Arbeiten in einer Steuerperiode auf einmal vorzunehmen. In den Jahren, in denen Sie keine Unterhaltskosten aufgewendet haben, können Sie den vollen Pauschalabzug beanspruchen, das heisst, je nach Alter Ihrer Liegenschaft 10 oder 20 Prozent des Mietertrags bzw. Eigenmietwerts vom Einkommen abziehen. In der Steuerperiode, in der Sie mehrere Unterhaltsarbeiten auf einmal ausführen lassen, ziehen Sie dagegen statt der Pauschale die tatsächlichen Kosten ab und kommen so in den Genuss eines deutlich höheren Abzugs.

Allerdings sollte der Gesamtbetrag der Unterhaltsarbeiten das übrige steuerbare Einkommen nicht übersteigen, da Unterhaltskosten steuerlich nur so weit sinnvoll sind, als sie mit positiven Einkünften verrechnet werden können. Haben Sie in einer Steuerperiode bereits so viele Abzüge, dass Ihr steuerbares Einkommen null beträgt, nützen Ihnen zusätzliche Abzüge in Form von Unterhaltskosten nichts mehr (siehe Beispiel auf Seite 152)

Ursula I. besitzt ein Einfamilienhaus in Bern, dessen Eigenmietwert 20 000 Franken beträgt. Sie hat in den letzten zehn Jahren rund 4000 Franken pro Jahr für den Unterhalt aufgewendet und in der Steuererklärung zum Abzug gebracht. Da das Haus älter als zehn Jahre ist, hätte Ursula I. aber auch den Pauschalabzug von 20 Prozent bzw. 4000 Franken pro Jahr geltend machen können, ohne irgendwelche Unterhaltsarbeiten vorzunehmen. Die effektiven jährlichen Unterhaltskosten nützen ihr steuerlich gar nichts.

Lässt Ursula I. stattdessen alle Unterhaltsarbeiten der letzten zehn Jahre in einem einzigen Jahr ausführen, wird ihr Steuerabzug erheblich grösser. In dem Jahr, in dem die Renovationsarbeiten vorgenommen werden, kann sie 40 000 Franken als Unterhaltskosten geltend machen. In den übrigen neun Jahren hat sie neunmal das Recht auf den Pauschalabzug von 4000 Franken. Insgesamt kann Frau I. so statt 40 000 ganze 76 000 Franken zum Abzug bringen.

Pauschalabzüge für Unterhaltskosten

Kanton	Liegenschaften unter 10 Jahren	Liegenschaften über 10 Jahre	Wechsel möglich
Bund	10	20	ja
AG	10	20	ja
AI	20	20	ja
AR	10	20	ja
BE	10	20	ja
BL	25	30	ja
BS	10	20	ja
FR	10	20	ja
GE	7	17,5	ja
GL	10	20	ja
GR	10	20	ja
JU	10	20	ja
LU	15	25[1]	nein[2]
NE	10	20	ja
NW	10	20	ja
OW	10	20	ja
SG	20	20	ja
SH	15	25	ja
SO	10	20	ja
SZ	10	20	ja
TG	10	20	ja
TI	15	25	nein[3]
UR	10	20	ja
VD	20	20	ja
VS	10	20	ja
ZG	10	20	ja
ZH	20	20	ja

Angaben in Prozent des Eigenmietwerts bzw. Mietertrags

[1] Liegenschaften über 25 Jahre: 33 1/3 %

[2] Wechsel von Pauschale zu effektiven Kosten nur, wenn der Pauschalabzug in den letzten sechs Jahren insgesamt sowie in wenigstens vier einzelnen Jahren davon die effektiven Kosten nicht deckte

[3] Frühestens nach zehn Jahren

Quelle: Kantonale Steuerämter, 2008

In welcher Steuerperiode kann man die Kosten abziehen?

Renovationen ziehen sich häufig über mehr als eine Steuer- und Bemessungsperiode hin. Dann stellt sich die Frage, nach welchen Kriterien die Zuordnung zur einen oder anderen Periode erfolgt.

Ernst O. liess in seinem Einfamilienhaus in Winterthur im Jahr 2007 das Dach sanieren. Wegen schwieriger Witterungsverhältnisse wurden die Arbeiten im Herbst 2007 unterbrochen und erst im Frühjahr 2008 beendet. Weil er Verschiedenes zu beanstanden hatte, bezahlte Ernst O. die Rechnung vom 10. April 2008 nicht. Erst nachdem die Dachdeckerfirma im Winter 2009 die gerügten Mängel behoben hatte, überwies Herr O. den Rechnungsbetrag von 50 000 Franken.

In welcher Steuerperiode kann Ernst O. die 50 000 Franken für die Dachsanierung abziehen, im Jahr der Ausführung (2007), im Jahr der Rechnungsstellung (2008) oder im Jahr der Bezahlung (2009)? Beim Bund und in den meisten Kantonen ist der Zeitpunkt der Fälligkeit der Schuld und damit der Zugang der Rechnung massgebend. Da Ernst O. die Rechnung für die Dachsanierung im Jahr 2008 erhalten hat, kann er den Betrag auch nur in diesem Jahr abziehen.

Verluste aus der Bewirtschaftung Während Geschäftsleute und Selbständigerwerbende Verluste aus der Geschäftstätigkeit mit dem Einkommen von künftigen Jahren verrechnen können, bleibt Privatpersonen dieser Verlustvortrag verwehrt.

Wolfgang H., der ein Arbeitseinkommen von 90 000 Franken erzielt, hat von einer Tante eine alte Villa geerbt, die er mit seiner Familie bewohnen möchte. Er lässt die Liegenschaft für 300 000 Franken renovieren. Da er von seinem Lohneinkommen Abzüge von 15 000 Franken geltend machen kann, hätte er noch ein steuerbares Einkommen von 75 000 Franken. Davon werden nun die Unterhaltskosten von 300 000 Franken in Abzug gebracht. Da Verluste für Privatpersonen steuerlich nicht relevant sind, kann Wolfgang H. den Anteil von 225 000 Franken nirgends abziehen.

Da niedrige Einkommen nur sehr massvoll besteuert werden, ist es nicht sinnvoll, das steuerbare Einkommen mittels Renovationskosten ganz auf null herunterzufahren. Im Hinblick auf die Steuerprogression ist es günstiger, die Unterhaltskosten so auf eine längere Zeitspanne zu verteilen, dass pro Jahr nur ein sehr niedrig besteuertes Einkommen resultiert. Eine Verteilung der Unterhaltsarbeiten auf eine längere Zeitspanne erlaubt es, die Progression zu reduzieren.

Familie D. besitzt ein Einfamilienhaus in Wohlen. Das steuerbare Einkommen von Herrn D. beträgt nach allen Abzügen (mit Ausnahme der Liegenschaftsunterhaltskosten) 100 000 Franken. Die Liegenschaft ist stark renovationsbedürftig; insgesamt sind dafür Arbeiten für 500 000 Franken nötig. Herr D. hat zwei Möglichkeiten:

Variante 1: Er will die Renovation hinter sich bringen und nimmt sämtliche Arbeiten an Dach, Fassade, Innenausstattung und Aussenanlagen auf einmal vor.

Variante 2: Er verteilt die Arbeiten auf fünf Jahre: Im ersten Jahr saniert er nur das Dach, im zweiten Jahr die Fassade, im dritten und vierten Jahr nimmt er die Innensanierung vor und lässt im fünften Jahr die Aussenanlagen neu gestalten. Dabei wendet er pro Jahr rund 100 000 Franken auf.

Steuerlich unterscheiden sich die beiden Vorgehensweisen gewaltig: Bei Variante 1 kann Herr D. im Jahr der Renovation von seinem Einkommen von 100 000 Franken Liegenschaftsunterhaltskosten im Gesamtbetrag von 500 000 Franken zum Abzug bringen, mit dem Resultat, dass sein steuerbares Einkommen minus 400 000 Franken beträgt – was ihm steuerlich nichts nützt. In den Jahren 2 bis 5 muss er sein Einkommen von 100 000 Franken wieder voll versteuern und zahlt in dieser Zeit bei einem Steuersatz von rund 30 Prozent insgesamt 120 000 Franken Steuern.

In Variante 2 verteilt Herr D. die Unterhaltsarbeiten so, dass er jedes Jahr ungefähr 100 000 Franken an Unterhaltskosten abziehen kann. Damit kommt er fünf Jahre hintereinander auf ein Einkommen von null und bezahlt also während der ganzen Bauphase überhaupt keine Steuern. Herr D. würde wegen der Progression noch mehr Steuern sparen, wenn er die Arbeiten statt auf fünf, zum Beispiel auf sieben Jahre verteilen würde.

Hypotheken steuergünstig zurückzahlen

Wer sein Eigenheim mit einer Hypothek finanziert hat, müsste eigentlich darauf aus sein, diese möglichst schnell zurückzuzahlen. Für die tieferen Schulden muss man der Bank entsprechend weniger Zins bezahlen. Die böse Überraschung kommt, wenn der oder die Betreffende die Steuererklärung ausfüllt und merkt, dass mit der Tilgung von Hypothekarschulden und dem Wegfall von Schuldzinsen das steuerbare Einkommen gestiegen ist. Insbesondere für Personen mit hohem Einkommen lohnt es sich nicht, sämtliche Hypotheken zurückzuzahlen. Eine gewisse Verschuldung in gesundem Mass ist steuerlich ein Vorteil.

> ⊙ Eine genaue Steuerberechnung lohnt sich! Berechnen Sie die steuerlichen Konsequenzen, bevor Sie die Hypothek auf Ihrem Haus zurückzahlen, und ermitteln Sie den Grenzwert, ab dem sich eine Tilgung im Hinblick auf höhere Einkommens- und Vermögenssteuern nicht mehr lohnt. Ihr Bankfachmann oder Ihre Treuhänderin ist Ihnen dabei behilflich.

Wenn Sie sich für eine Rückzahlung entschieden haben, gibt es zwei verschiedene Methoden, die Hypotheken zu amortisieren:

— Die **direkte Amortisation** stellte früher den Normalfall dar. Dabei zahlt der Schuldner oder die Schuldnerin die Hypothek ganz oder teilweise direkt der Bank zurück.

— Bei der **indirekten Amortisation** lässt man die Hypothek unverändert stehen und überweist die Mittel für die spätere Rückzahlung auf eine Säule-3a-Police, die der Bank verpfändet wird. Beim Ablauf des Versicherungsvertrags wird das Kapital zur Tilgung der Hypothekarschuld verwendet. Die jährlichen Einzahlungen in die Säule 3a lassen sich – bis zu den Maximalbeträgen (siehe Seite 189) – vom steuerbaren Einkommen abziehen. Die Auszahlung wird zu den üblichen Konditionen für die Säule 3a besteuert (siehe Tabelle Seite 228). Weil während der Laufzeit des Vertrags die Hypothek unverändert bleibt, können Eigenheimbesitzer auch die unverändert hohen Schuldzinsen vom steuerbaren Einkommen abziehen. Voraussetzung für diese steuergünstige Variante der Amortisation ist allerdings, dass man jedes Jahr die Hypothekarzinsen zahlen kann.

Geschäfts- oder Privatvermögen?

 Renata I. besitzt ein Haus in einem Wintersportort. Im Erdgeschoss und im ersten Stock befindet sich ihr Sportartikelgeschäft. Den zweiten Stock bewohnt sie mit ihrer Familie. Zwei Drittel der Liegenschaft werden also geschäftlich, ein Drittel privat genutzt. Sowohl beim Bund als auch in den Kantonen gelten alle Vermögenswerte, die ganz oder überwiegend der selbständigen Erwerbstätigkeit dienen, als Geschäftsvermögen. Wird ein Haus überwiegend geschäftlich genutzt, gilt es als Geschäftsvermögen, wird es dagegen überwiegend privat genutzt, als Privatvermögen. Das Haus von Renata I. stellt also eindeutig Geschäftsvermögen dar.

Wenn ein Haus zum Geschäftsvermögen gehört, ist dies sowohl mit Vorteilen als auch mit Nachteilen verbunden. Je nach persönlicher Situation wirken sich diese unterschiedlich stark aus.

— Auf Häusern im Geschäftsvermögen sind steuerliche Abschreibungen möglich (grundsätzlich nur auf dem Gebäude, nicht auf dem Land). Auf Liegenschaften im Privatvermögen dagegen werden keine Abschreibungen zugelassen.

— Selbständigerwerbende können die Verluste aus sieben voran-
gegangenen Geschäftsjahren vortragen, das heisst mit ge-
genwärtigem Einkommen bzw. Gewinn verrechnen. Befindet
sich ein stark sanierungsbedürftiges Hausim Geschäftsvermögen und wird es zu einem Betrag renoviert, der das Jahres-
einkommen des Steuerpflichtigen übersteigt, kann dieser
den mit der Liegenschaft erwirtschafteten Verlust mit Einkommen zukünftiger Jahre verrechnen. Befindet sich das Haus
dagegen im Privatvermögen, können die Unterhaltskosten nur
in der Bemessungsperiode abgezogen werden, in der sie
aufgewendet wurden. Ist das Einkommen zu tief, um alle Aufwendungen abzuziehen, kann der Rest nicht mit künftigen
Einkommen verrechnet werden (siehe Seite 152).

— Während Gewinne bei der Veräusserung von Liegenschaften
im Privatvermögen beim Bund steuerfrei sind, muss der bei der
Veräusserung eines Hauses im Geschäftsvermögen erzielte
Gewinn versteuert werden. Die Kantone erheben je nachdem
Grundstückgewinn- oder Einkommenssteuern oder beides.

— Da der Gewinn bei der Veräusserung einer Liegenschaft im
Geschäftsvermögen als «Einkommen aus selbständiger Erwerbstätigkeit» angesehen wird, werden darauf ausserdem noch
die AHV-Beiträge erhoben.

— Gibt jemand sein Geschäft altershalber auf, wird die Liegenschaft vom Geschäfts- ins Privatvermögen überführt. Der Unterschied zwischen dem Wert der Liegenschaft in der Buchhaltung und dem allenfalls höheren Verkehrswert zum Zeitpunkt der
Überführung wird besteuert und zusätzlich werden darauf die
AHV-Beiträge erhoben.

Das heisst: Beim Verkauf einer Liegenschaft im Privatvermögen wird
nur die Grundstückgewinnsteuer erhoben, während beim gewinn-
bringenden Verkauf einer Liegenschaft im Geschäftsvermögen sowohl Grundstückgewinnsteuer (oder Einkommens- bzw. Gewinn-

steuer) als auch direkte Bundessteuer und AHV-Beiträge fällig werden. In der Regel ist es deshalb für Selbständigerwerbende vorteilhafter, wenn die Liegenschaft zum Privatvermögen gehört.

> 💡 Im Zweifel ist es besser, die Liegenschaft im Privatvermögen zu halten. Wenn Sie diese verkaufen, erzielen Sie damit beim Bund einen steuerfreien Kapitalgewinn und bezahlen keine AHV-Beiträge darauf. Achten Sie deshalb darauf, dass Sie Ihr Haus nicht mehr als zur Hälfte geschäftlich nutzen.

Spezialfragen

Nicht alle Liegenschaftenverkäufe werden steuerlich gleich behandelt. Vor allem wenn ein Haus innerhalb der Familie den Eigentümer wechselt, können für die Grundstückgewinnsteuer spezielle Regelungen gelten.

Spezialfragen stellen sich aber auch bei Ferienwohnungen und anderen Liegenschaften, die nicht im Wohnsitzkanton gelegen sind.

Bevorzugt behandelte Handänderungen

An sich wird bei jedem Eigentümerwechsel einer Liegenschaft die Grundstückgewinnsteuer fällig. Besteuert wird die Differenz zwischen dem Verkaufspreis und dem seinerzeitigen Kaufpreis plus die wertvermehrenden Aufwendungen (siehe auch Seite 131). Doch bestimmte Arten von Handänderungen werden in den kantonalen Steuergesetzen bevorzugt behandelt; die wichtigsten darunter sind die Schenkung, der Erbvorbezug, die Zwangsverwertung, die Enteignung sowie die Unternehmensumstrukturierung.

Bei solchen Handänderungen wird die Grundstückgewinnsteuer nicht erhoben – zumindest vorläufig nicht. Die Steuer wird aufgeschoben. Wird die Liegenschaft vom neuen Eigentümer später weiterverkauft, gilt als Erwerbspreis der Betrag, der bei der letzten steuerpflichtigen Handänderung bezahlt wurde. Der Gewinn, der bis zur ersten Eigentumsübertragung aufgelaufen ist, wird also bei der nächsten Realisierung trotzdem besteuert. Ein Beispiel:

 Hanna A. hatte 1971 im Kanton Bern eine Liegenschaft für 150 000 Franken erworben. 2008 übergibt sie das Haus als Erbvorbezug ihrer Tochter, es hat inzwischen einen Wert von 800 000 Franken. Zwar bezahlt sie dafür keine Grundstückgewinnsteuer. Falls die Tochter jedoch das Haus einmal verkauft, wird dann die ganze Differenz zwischen dem Erwerbspreis von 1971 und dem Verkaufspreis steuerbar.

Die Besteuerung des Grundstückgewinns wird überall in der Schweiz in folgenden Fällen aufgeschoben:

— Erbgang

— Erbvorbezug

— Schenkung. Aber aufgepasst: Um eine Schenkung handelt es sich grundsätzlich nur dann, wenn das Haus ohne Gegenleistung übergeben wird. Übernimmt aber der Beschenkte zum Beispiel eine Hypothek, wird dies unter Umständen als «gemischte Schenkung» taxiert. Und dann müssen Grundstückgewinn- und Handänderungssteuer trotzdem bezahlt werden. Was als solche gemischte Schenkung gilt, ist meist nur vage geregelt. Einzelne Kantone verlangen, dass der Schenkungsteil mindestens 25 Prozent des Verkehrswerts beträgt.

— Gewisse Eigentumsübertragungen unter Eheleuten

— Landumlegungen

— Verkauf eines landwirtschaftlichen Grundstücks, wenn der Erlös innert angemessener Frist zum Kauf eines anderen selbst bewirtschafteten Ersatzgrundstücks verwendet wird

— Verkauf einer selbst genutzten Wohnliegenschaft (Einfamilienhaus, Eigentumswohnung, nicht aber Mehrfamilienhaus), wenn der Erlös innert angemessener Frist zum Kauf eines anderen Eigenheims verwendet wird

Ersatzanschaffung Was sind die Steuerfolgen, wenn Sie Ihr bisheriges Eigenheim verkaufen, um ein anderes Objekt zu erwerben?

Familie Z. wohnt in einem Reihenhaus in Niederbipp. Nach der Geburt des dritten Kindes ist es zu klein geworden und die Familie beschliesst, ein grösseres Einfamilienhaus in Langenthal zu kaufen. Beim Verkauf des alten Eigenheims erzielen Z.s zwar einen Gewinn von 100 000 Franken. Doch die Immobilienpreise sind seit dem Kauf des ersten Hauses um 30 Prozent gestiegen und auch das neue Eigenheim ist entsprechend teurer. Mit anderen Worten: Familie Z. macht gar keinen Gewinn, denn die 100 000 Franken müssen verwendet werden, um den Kaufpreis des Ersatzobjekts zu finanzieren. Wird nun auf dem «Gewinn» aus dem Verkauf des ersten Reihenhauses tatsächlich die Grundstückgewinnsteuer fällig? Nein, Z.s erhalten einen Steueraufschub.

Die Grundstückgewinnsteuer wird aufgeschoben, wenn ein dauernd und ausschliesslich selbst genutztes Einfamilienhaus oder eine Eigentumswohnung veräussert wird, sofern der dabei erzielte Erlös innert einer angemessenen Frist zum Erwerb einer ebenfalls dauernd und ausschliesslich selbst genutzten Ersatzliegenschaft in der Schweiz verwendet wird. Diese Regelung im Steuerharmonisierungsgesetz ist zwingend. Sie gilt auch, wenn die Familie aus dem Beispiel ihr zweites Eigenheim in einem anderen Kanton kauft. Die Ersatzanschaffung ist – so sieht es das Steuerharmonisierungsgesetz ausdrücklich vor – auch über die Kantonsgrenze hinweg zulässig.

Eigentumswechsel unter Eheleuten Grundsätzlich werden Rechtsgeschäfte unter Eheleuten wie Rechtsgeschäfte zwischen Drittpersonen behandelt. Überträgt also beispielsweise die Frau eine

Liegenschaft auf ihren Mann, gilt dies als gewöhnliche Veräusserung, für die auch eine Grundstückgewinnsteuer fällig wird.

Von diesem Grundsatz gibt es eine Ausnahme: Die Grundstückgewinnsteuer wird aufgeschoben bei «Eigentumswechsel unter Ehegatten im Zusammenhang mit dem Güterrecht sowie zur Abgeltung ausserordentlicher Beiträge eines Ehegatten an den Unterhalt der Familie und scheidungsrechtlicher Ansprüche, sofern beide Ehegatten einverstanden sind». Diese Regelung kommt vor allem bei Scheidungen zur Anwendung, wenn einer der Exgatten die gemeinsame Liegenschaft allein übernimmt.

Für einen solchen Steueraufschub ist immer das Einverständnis beider Eheleute notwendig. In der Regel ist dies aber auch bei einer Scheidung kein Problem. In der meist sowieso finanziell angespannten Situation sind beide Seiten an einem Aufschub der Grundstückgewinnsteuer interessiert. Bei der güterrechtlichen Auseinandersetzung muss aber berücksichtigt werden, dass derjenige Ehegatte, der die Liegenschaft übernimmt, bei einem späteren Verkauf die Grundstückgewinnsteuer wird bezahlen müssen (latente Steuer). Der Anrechnungswert wird um den mutmasslichen Steuerbetrag reduziert.

> Wenn Sie im Rahmen Ihrer Scheidung das Eigentum oder einen Miteigentumsanteil an einer Liegenschaft von einem auf den anderen Partner übertragen, sollten Sie das Einverständnis beider Seiten für den Aufschub der Grundstückgewinnsteuer in die Scheidungskonvention aufnehmen.

Eigene Liegenschaften vermarkten: Vorsicht Steuerfalle

Die beiden Brüder Kurt und Philipp B. haben eine Baulandparzelle geerbt und erstellen darauf drei Einfamilienhäuser. Da sie vom Bauwesen nicht viel verstehen, ziehen sie einen Architekten und einen Ingenieur bei. Die fertigen Häuser werden weiterverkauft. Philipp B., von Beruf Magaziner, staunt nicht schlecht, als er nach dem Verkauf einen Brief von der Steuerverwaltung erhält: Als Liegenschaftshändler müsse er zusätzlich zur Grundstückgewinnsteuer auf dem beim Verkauf der drei Einfamilienhäuser erzielten Gewinn sowohl die direkte Bundessteuer als auch AHV-Beiträge bezahlen.

Der Magaziner als Liegenschaftenhändler? Das darf doch nicht wahr sein! Und trotzdem hat das Bundesgericht in einem solchen Fall entschieden, dass auch jemand, der nicht in der Immobilienbranche tätig ist, als gewerbsmässiger Liegenschaftenhändler qualifiziert werden kann. Dabei wird argumentiert, dass er wie ein Unternehmer auftritt und sich ausserdem das Wissen des von ihm beauftragten Architekten zurechnen lassen muss. Ist der Bauherr gar selbst vom Baufach, wird noch viel eher ein gewerbsmässiger Liegenschaftenhandel bejaht. Was bedeutet dies?

Die Kantone erheben beim Verkauf einer Liegenschaft im Normalfall die Grundstückgewinnsteuer. Der Bund dagegen besteuert beim Verkauf von Liegenschaften des Privatvermögens die erzielten Gewinne nicht. Auch sind in diesem Fall keine AHV-Beiträge geschuldet. Gilt ein Bauherr aber als «gewerbsmässiger Liegenschaftenhändler», stellt der Gewinn aus dem Verkauf Einkommen aus selbständiger Erwerbstätigkeit dar und ist auch beim Bund steuerbar. Im Gegenzug sind Verluste abzugsberechtigt. Dabei gilt es, die allgemeine Beweisregel zu beachten, wonach steuerbegründende Tatsachen grundsätzlich von den Steuerbehörden, steuermindernde hingegen vom Steuerpflichtigen zu beweisen sind.

Erbschaft und Schenkung

Wie in Kapitel 10 beschrieben, bleibt bei den Erbschafts- und Schenkungssteuern wie bei den Handänderungssteuern die kantonale Vielfalt erhalten. Grundsätzlich ist der Kanton am letzten Wohnsitz des Erblassers bzw. am Wohnsitz des Schenkers für die Erbschafts-

oder Schenkungssteuer zuständig. Bei Liegenschaften ist der Kanton zuständig, in dem die Liegenschaft gelegen ist.

Richard F., der am 5. Januar 2009 starb, hatte seinen Wohnsitz im Kanton Zürich. Er besass Wertschriften von rund 300 000 Franken sowie ein Ferienhaus im Tessin im Wert von 600 000 Franken. Sein Neffe Alexander ist einziger Erbe. Für das Wertschriftenportefeuille, das sogenannte bewegliche Vermögen, bezahlt er die Erbschaftssteuer im Kanton Zürich, dem Kanton des letzten Wohnsitzes seines verstorbenen Onkels. Für das Ferienhaus bezahlt er dagegen die Erbschaftssteuer im Kanton, in dem sich die Liegenschaft befindet, also im Tessin.

Steuerpflichtig sind in allen Kantonen bei der Erbschaftssteuer die Erben und bei der Schenkungssteuer die Beschenkten. Bestimmte Gruppen von Begünstigten, die zum Erblasser oder Schenker in einem nahen Verwandtschaftsverhältnis stehen, sind aber von der Steuerpflicht befreit. Hinterbliebene Ehepartner und Nachkommen müssen in zahlreichen Kantonen keine Erbschaftssteuern zahlen (siehe Tabelle Seite 208).

Da Liegenschaften von demjenigen Kanton besteuert werden, in dem sie gelegen sind, lässt sich mit der Standortwahl die Erbschaftssteuer vermeiden. Wollen Sie ein Haus nicht selbst bewohnen, sondern als reine Kapitalanlage kaufen, können Sie einen Kanton wählen, der Nachkommen und/oder hinterbliebene Ehepartner von der Erbschaftssteuer befreit – je nachdem, wer das Erbe voraussichtlich einmal antreten wird. Wollen Sie einer nicht verwandten Person, beispielsweise Ihrer Lebenspartnerin, Vermögenswerte ohne Belastung durch die Erbschaftssteuer zukommen lassen, erwerben Sie ein Haus im Kanton Schwyz und setzen sie als Erbin ein – immer vorausgesetzt, Sie verletzen dadurch keine erbrechtlichen Pflichtteile.

Steuerbemessung und Bewertung von Grundstücken Bei
der Erbschaftssteuer werden die Vermögensübergänge im Zeitpunkt
des Todes des Erblassers bewertet; bei der Schenkungssteuer ist der
Moment des Vollzugs der Schenkung massgebend. Dabei wird für
die Bewertung von Grundstücken in den meisten Kantonen auf den
Verkehrswert abgestellt.

Die Erbschaftssteuer wird auf dem Nettovermögen erhoben. Die
Schulden des Erblassers (Erbschaftsschulden) und Verbindlichkeiten, die durch den Tod des Erblassers entstehen (Erbgangsschulden), sind vom Bruttovermögensanfall in Abzug zu bringen.

Liegenschaften in anderen Kantonen

Grundsätzlich ist jede Person in dem Kanton steuerpflichtig, in dem
sie ihren steuerrechtlichen Wohnsitz hat. Wohnt jemand beispielsweise in Zürich, so ist er auch im Kanton Zürich vollumfänglich
steuerpflichtig. Was gilt aber, wenn der Betreffende noch ein Ferienhaus im Tessin hat?

Das Eigentum an einer Liegenschaft in einem anderen als dem
Wohnsitzkanton begründet eine sogenannte beschränkte Steuerpflicht. Die stolze Eigentümerin eines Hauses in Zermatt, die sonst
das Jahr über in Zürich wohnt, ist für ihre Walliser Liegenschaft also
im Kanton Wallis steuerpflichtig. In der Regel reicht es, wenn man
dem Kanton, in dem sich das Ferienhaus befindet, eine Aufstellung
der Einnahmen aus der Liegenschaft sowie der Ausgaben dafür einreicht und eine Kopie der Steuererklärung im Wohnsitzkanton dazulegt.

Interkantonale Steuerausscheidung: Verteilung der Schulden auf die beteiligten Kantone Grundpfandschulden beziehen sich naturgemäss auf bestimmte Liegenschaften. Man könnte
somit annehmen, dass die Hypotheken interkantonal denjenigen
Kantonen zugewiesen werden, in denen sich die belasteten Liegenschaften befinden. Dem ist aber nicht so. In Wirklichkeit werden die

Schulden im Verhältnis der Aktiven auf die verschiedenen Kantone verteilt, und zwar nach folgenden Regeln:

— Bewegliches Vermögen wird dem Wohnsitzkanton zugewiesen.

— Unbewegliches Vermögen (Liegenschaften) wird dem Kanton zugewiesen, in dem es sich befindet.

— Schulden – und für die Einkommenssteuer die Schuldzinsen – werden proportional im Verhältnis der Aktiven auf die betroffenen Kantone verteilt.

Ignaz D. ist Eigentümer eines selbst bewohnten Einfamilienhauses in Zollikon ZH, das einen amtlichen Wert von 800 000 Franken hat, und eines alten Hauses in Gentilino TI mit einem amtlichen Wert von 300 000 Franken. Das Einfamilienhaus in Zollikon ist mit einer Hypothek von 600 000 Franken belastet, auf dem Ferienhaus im Tessin lastet eine Grundpfandschuld von 200 000 Franken. Neben dem Grundbesitz verfügt Ignaz D. noch über Wertschriften für insgesamt 500 000 Franken. Die Steuerausscheidung (nur Vermögen) bringt folgendes Ergebnis:

	Total	Zürich	Tessin
Aktiven			
Wertschriften	Fr. 500 000.–	Fr. 500 000.–	
Einfamilienhaus Zollikon ZH	Fr. 800 000.–	Fr. 800 000.–	
Ferienhaus Gentilino TI	Fr. 300 000.–		Fr. 300 000.–
Total Aktiven	**Fr. 1 600 000.–**	**Fr. 1 300 000.–**	**Fr. 300 000.–**
Prozentuales Verhältnis	100 %	81,25 %	18,75 %
Schulden	**Fr. 800 000.–**	**Fr. 650 000.–** (81,25 % von Fr. 800 000.–)	**Fr. 150 000.–** (18,75 % von Fr. 800 000.–)

Ferienhäuser und Ferienwohnungen im Ausland

Grundstücke sind auch im Verhältnis zum Ausland nur dort steuerbar, wo sie gelegen sind. Das Gesetz über die direkte Bundessteuer schreibt ausdrücklich vor, dass Grundstücke im Ausland in der Schweiz nicht steuerbar sind. Dies gilt auch in den Kantonen. Trotzdem muss Grundbesitz im Ausland in der Steuererklärung angegeben werden, damit er sowohl beim Vermögen als auch beim Einkommen für die Bestimmung der Progression berücksichtigt werden kann.

Martin und Helene R. wohnen in Zürich und besitzen ein Ferienhaus in der Provence. Sie fragen sich, ob sie dieses in Frankreich oder in der Schweiz deklarieren und versteuern müssen.

Versteuern müssen Martin und Helene R. die Liegenschaft in Frankreich. In der Zürcher Steuererklärung müssen sie das Haus aber ebenfalls angeben, damit es bei ihrem Vermögen (amtlicher Wert) und bei ihrem Einkommen (Eigenmietwert) für die Bestimmung der Progression berücksichtigt werden kann. Mit anderen Worten: Zum Einkommen der R.s von 80 000 Franken wird – lediglich zur Bestimmung des Steuersatzes – der Eigenmietwert des Ferienhauses von 10 000 Franken dazugerechnet, sodass die 80 000 Franken zum Steuersatz von 90 000 Franken besteuert werden.

Falls Sie beabsichtigen, im Ausland eine Liegenschaft zu erwerben, erkundigen Sie sich bei einem dort ansässigen Steuer- oder Liegenschaftsexperten, welche Steuerfolgen auf Sie zukommen.

Steuereffekte mit Geldanlagen

Geld lässt sich auf viele verschiedene Arten anlegen – die sich nicht nur in der eigentlichen Rendite unterscheiden, sondern auch in den abzuliefernden Steuern. Diese können denn auch einen vermeintlich schönen Profit empfindlich schmälern, weshalb es sich lohnt, genau hinzuschauen. Allerdings sei davor gewarnt, bei Geldanlagen nur auf die Steuerersparnis zu achten.

Geldanlage und Steuern – ein heisses Thema

Immer dann, wenn die Börse boomt, sind Aktien und andere Wertschriften ein Renner. Umso mehr, als in der Schweiz Kapitalgewinne – also zum Beispiel die Wertsteigerung einer Aktie – steuerfrei sind. Während der Börsenhausse Ende der Neunzigerjahre verleitete dies viele Leute dazu, Geld in Wertschriften anzulegen in der Hoffnung, damit in kurzer Zeit reich zu werden. Auf politischer Ebene lief gleichzeitig eine heftige Diskussion über die Besteuerung dieser Kapitalgewinne. Die Tatsache, dass Anlegerinnen und Anleger mit Aktien und Optionen 10, 20 oder mehr Prozent Ertrag kassierten und diesen nicht versteuern mussten, ärgerte damals viele Leute.

Vier Jahre, von März 2003 bis Juni 2007, kletterten die Aktienkurse unaufhaltsam nach oben. Dann platzte die Immobilienblase, so wie sieben Jahre zuvor die Technologieblase geplatzt war. Wie immer bei Börsenbaissen haben Privatanleger auch diesmal Hemmungen, in Dividendenpapiere zu investieren. Dabei lautet doch eine alte Börsenregel: Kaufe in der Baisse; verkaufe in der Hausse.

Wie immer sich die momentane Situation an der Börse präsentiert, es lohnt sich, ein paar grundsätzliche Worte zum Thema Geldanlage zu verlieren – auch in einem Ratgeber, der dem Thema Steuern gewidmet ist.

Geld anlegen heisst nicht Steuern sparen

Eine Vermögensanlage tätigt man, um Geld auf die Seite zu legen und später, zum Beispiel nach der Pensionierung, darauf zurückgreifen zu können. Und man tätigt sie nicht, um Steuern zu sparen. Allererste Priorität bei jedem Anlageentscheid müssen deshalb immer die grundsätzlichen Faktoren haben: das Ziel, das Sie mit der

Anlage verfolgen, die Dauer, während der Sie das Geld liegen lassen können und wollen, sowie Ihre persönliche Risikobereitschaft. Daraus ergibt sich die optimale Anlageform – wenn diese auch noch steuergünstig ist, umso besser.

Geld anlegen kann man auf verschiedenste Arten: etwa auf dem Konto, in Obligationen, in Aktien, in Anlagefonds, in Immobilien, in Antiquitäten. Langfristig betrachtet schneiden Aktien am besten ab: Während der letzten hundert Jahre brachten Schweizer Aktien jährlich im Durchschnitt über 8 Prozent Ertrag, etwa 4 Prozentpunkte mehr als Obligationen und 6 Prozentpunkte mehr als die durchschnittliche Inflation. Auch über kürzere Fristen zeigt sich ein ähnliches Bild, selbst wenn es dazwischen immer wieder längere Perioden gab, in denen die Kurse weniger stark anstiegen oder rückläufig waren.

Das ist der eine Grund, warum Aktien so attraktiv sind. Sie werfen zwar keinen Zins ab und eine allfällige Dividende ist nicht garantiert. Doch so lange die Börse nach oben geht – und das tat sie bisher, über längere Zeiträume betrachtet, immer –, versprechen Aktien einen Kursgewinn und damit eine Rendite, die über lange Zeit diejenige aller anderen Anlageformen übertrifft.

Der zweite Grund, der für Aktien spricht: Die Wertsteigerung ist ein Kapitalgewinn und der ist im Gegensatz zum Kapitalertrag für Privatpersonen steuerfrei.

Das Gegenstück zur Wertsteigerung bei den Aktien ist bei anderen Anlagen der Zins. Auf dem Konto oder mit Obligationen erhalten Sie einen regelmässigen und mehr oder weniger festen Zins. Besonders wichtig ist dabei der sogenannte Zinseszinseffekt: Wenn ein Betrag von hundert Franken pro Jahr 3 Prozent Zins bringt, hat man Ende des ersten Jahres 103 Franken auf dem Konto. Ende des zweiten Jahres sind es bereits 106.09, nach drei Jahren 109.27, nach vier Jahren 112.55 Franken und so weiter.

Ob Zinseszins oder Wertsteigerung: Je länger das Geld angelegt ist, desto stärker wirkt sich dieser Effekt aus. Und das ist auch mit kleineren Summen spürbar: Wenn Sie jeden Monat nur 100 Franken in einen Aktienfonds mit 5 Prozent Rendite anlegen, kommt in 20

Jahren mit der totalen Einzahlung von 24 000 Franken ein Gesamtbetrag von 40 700 Franken zusammen. Mit einem monatlichen Einsatz von 500 Franken ist man auf diese Weise in 20 Jahren bei einem Totaleinsatz von 120 000 Franken um insgesamt 204 000 Franken reicher.

Wichtig ist die Gesamtrendite

Alle Geldanlagen bringen eine Rendite, sei es in Form von Zinsen und anderen Ausschüttungen oder von Wertzuwachs. Der «Wertzuwachs» kann allerdings durchaus negativ sein, so wie in der jüngsten Vergangenheit bei den Aktien. Zinsen hingegen sind immer positiv und seien sie noch so klein.

Allerdings täuschen die Renditeprozente und Zinssätze. Denn die Rendite, die damit für eine Anlageform ausgewiesen wird, ist eine Bruttorendite, und die wird durch verschiedene Faktoren geschmälert – oft sogar massiv.

— So fallen je nach Anlageform **Steuern** an. Bei einem hohen Einkommen können diese durchaus einen Drittel oder mehr vom Ertrag wegfressen. Wenn eine Obligation einen Zins von 2,5 Prozent abwirft und dieser zu 30 Prozent besteuert wird, reduziert sich der Ertrag auf 1,75 Prozent.

— Die **Courtage** – bzw. für Anlagefonds die Ausgabekommission – und die **Stempelsteuer** fallen zwar bloss ein- oder zweimal an, nämlich beim Kauf und beim Verkauf. Doch wenn die Anlagedauer nur kurz ist, können auch sie die Rendite spürbar verkleinern. Das bekommen vor allem diejenigen Anlegerinnen und Anleger zu spüren, die regelmässig Aktien, Obligationen oder Fondsanteile kaufen und verkaufen in der Hoffnung, jeweils die schlechteren abzustossen und mit besseren mehr zu verdienen. Unabhängig davon, ob dies gelingt oder nicht, wird durch die häufigen gebührenpflichtigen Transaktionen der Gesamtertrag spürbar reduziert.

— Zu den Gebühren bei Kauf und Verkauf kommen jedes Jahr die **Depotgebühren** der Bank sowie bei Anlagefonds die Kosten für die Verwaltung, die **Managementgebühren**, hinzu.

— Schliesslich ist auch die Inflation nicht zu vergessen. Sie ist zwar zurzeit nicht sehr hoch – 2008 rund 2,5 Prozent –, doch tief sind auch die Zinsen: Die Zinssätze für Privatkonten der Banken liegen bei 0,25 Prozent, für Sparkonten um 1 Prozent. Das heisst, die Inflation frisst den Ertrag mehr als nur auf. Und sogar bei Kassenobligationen mit Zinssätzen von vielleicht 2,75 bis 3 Prozent für mittlere Laufzeiten reduziert die Inflation den Ertrag um mehr als die Hälfte.

Wer immer sich für eine bestimmte Geldanlage entscheidet, sollte eine genaue Rechnung aller anfallenden Abgaben, Steuern und Gebühren anstellen, und dies über die gesamte voraussichtliche Anlagedauer. Ist sogar ein grösseres Vermögen vorhanden oder sind Sie Besitzer eines Unternehmens, lohnt es sich, gelegentlich die gesamte finanzielle Situation und die Anlagestrategie von einer Fachperson überprüfen zu lassen. In diese Überprüfung einbezogen werden dann auch die privaten und geschäftlichen Versicherungen, Liegenschaften sowie allfällige zukünftige Erbschaften. Die Anlagemöglichkeiten einerseits wie auch die steuerlichen Regelungen anderseits sind heute so vielfältig, dass es nur mit einer Gesamtschau möglich ist, sinnvolle Strategien für die Vermögens-, Anlage- oder Steuerplanung zu entwickeln.

Kapitalgewinn und Kapitalertrag

Aus steuerlicher Sicht ist die Unterscheidung zwischen Kapitalgewinn und Kapitalertrag von grosser Bedeutung:

— **Kapitalgewinne** entstehen aus der Wertsteigerung einer Kapitalanlage, also zum Beispiel aus dem Kursanstieg von Aktien.

Wer eine Aktie für 1000 Franken kauft und später für 1100 wieder verkaufen kann, erzielt einen Kursgewinn von 100 Franken, der steuerfrei ist. Auch die Kurse von Obligationen steigen oder fallen, deshalb können auch mit diesen Papieren steuerfreie Kursgewinne erzielt werden, allerdings wesentlich weniger ausgeprägt als bei den Aktien.

— **Kapitalerträge** sind Zahlungen als Prämie dafür, dass ein Anleger sein Geld – sei es auf dem Konto oder in Form von Aktien und Obligationen – jemand anderem ausleiht. Diese Prämien werden auf Konten und Obligationen als Zinsen, auf Aktien als Dividenden ausgerichtet, und sie werden besteuert. Die Steuer wird in der Schweiz als Verrechnungssteuer eingezogen. 35 Prozent der Kapitalerträge werden bereits abgebucht, bevor die Zinsen oder Dividenden überhaupt an den Anleger ausbezahlt werden, und direkt an den Bund abgeliefert (nur der Bund erhebt die Verrechnungssteuer, die Kantone dürfen dies nicht). Der Anleger kann die abgezogenen 35 Prozent mit seiner Steuererklärung wieder zurückfordern (mehr dazu auf Seite 54).

 Die Verrechnungssteuer wird nur auf Zinserträgen von Kapitalanlagen bei inländischen Schuldnern abgezogen. Das bedeutet aber weder, dass alle Frankenobligationen der Verrechnungssteuer unterliegen, noch, dass dies für alle von Schweizer Banken herausgegebenen Obligationen der Fall ist. Denn einerseits können ausländische Banken Wertpapiere in Schweizer Franken herausgeben, anderseits legen Schweizer Banken Anlagen in ausländischen Währungen auf. Auch solche Anlagen sind aber nicht grundsätzlich steuerfrei: Sie müssen in der Steuererklärung deklariert und als Vermögen bzw. die Erträge als Einkommen versteuert werden.

Aufgepasst mit Obligationen Bestimmte Arten von Obligationen sind so ausgestaltet, dass die Unterscheidung zwischen Kapitalgewinn und -ertrag schwierig ist. So gibt es Obligationen, die zu einem Kurs von beispielsweise 90 Franken herausgegeben werden, aber einen Nennwert von 100 Franken haben, der am Ende der Laufzeit auch ausbezahlt wird. Diese Differenz von 10 Franken gilt nicht als Kapitalgewinn, sondern als Verzinsung und wird deshalb besteuert. Wenn der Kurs einer solchen Obligation zwischenzeitlich auf 80 Franken fällt und in diesem Zeitpunkt verkauft wird, so erzielt der neue Besitzer am Ende der Laufzeit einen Gewinn von 20 Franken. Davon gelten 10 Franken als steuerfreier Kursgewinn (Wertsteigerung von 80 auf 90 Franken) und 10 Franken (Differenz zwischen Ausgabepreis und Nennwert) als steuerpflichtige Verzinsung.

Eine weitere Besonderheit von Obligationen entsteht dadurch, dass die jährlichen Zinsen zu einem bestimmten Datum ausgezahlt werden. Anspruch auf den ganzen Jahreszins hat diejenige Person, welche die Obligation zum Zinstermin besitzt. Um dies auszugleichen, werden die bereits aufgelaufenen Zinsen beim Verkauf anteilig angerechnet (sogenannter Marchzins).

 Eine Obligation von 10 000 Franken hat einen Zins von 2,5 Prozent, der jeweils per 31. Dezember ausgeschüttet wird. An diesem Zinstermin erhält der Besitzer den Jahreszins von 250 Franken ausbezahlt. Wenn er die Obligation nun Ende November verkauft, beträgt ihr Wert 10 229 Franken, nämlich den Kurswert plus elf Zwölftel des Zinses. Dieser Marchzins von 229 Franken ist für den Verkäufer steuerfrei, der Käufer hingegen muss einen Monat später die vollen 250 Franken Zinsen versteuern.

Diese Regelungen und Berechnungen sind relativ kompliziert. Wer sein Geld in Obligationen anlegt, informiert sich mit Vorteil bei kompetenten Personen, etwa auf der Bank, beim Treuhänder oder bei der Steuerberaterin.

Ausschüttung oder Reinvestition? Viele Anlegerinnen und Anleger kaufen nicht Einzelaktien oder -obligationen, sondern investieren ihr Geld in Anteile von Anlagefonds. Das Vermögen solcher Anlagefonds wird von den Fondsmanagern in Aktien und/oder Obligationen angelegt; die Anleger nehmen im Verhältnis zu ihren Anteilen an den Erträgen und Kursgewinnen (oder -verlusten) teil. Viele dieser Anlagefonds sind thesaurierende Fonds. Das heisst, die jährlichen Zins- oder Dividendenerträge werden nicht ausgeschüttet, sondern immer wieder in die Fonds investiert. Die Anlegerinnen und Anleger erhalten eine entsprechende Anzahl Fondsanteile dafür. Trotzdem sind die Erträge zu versteuern.

Auch beim Kauf oder Verkauf von Fondsanteilen werden die Erträge ähnlich wie bei den Marchzinsen von Obligationen auf die Zeitdauer angerechnet.

Die wichtigsten Anlageformen

Art	Vor- und Nachteile	Steuerliche Aspekte
Sparkonto	Sehr sicher Das Geld steht jederzeit zur Verfügung. Sehr tiefe Rendite	Zinsen müssen versteuert werden.
Aktien	Hohes Risiko Langfristig hohe Rendite Aktien sollten langfristig (mindestens zehn Jahre) gehalten werden.	Kursgewinne von Aktien sind steuerfrei. Dividenden müssen versteuert werden.
Obligationen	Mittlere Rendite (zwischen Aktien und Konto) Obligationen sind sicherer als Aktien.	Zinsen müssen versteuert werden. Kursgewinne sind steuerfrei.
Anlagefonds	Rendite und Risiko hängen vom Aktienanteil ab.	Erträge müssen versteuert werden. Kursgewinne sind steuerfrei.
Immobilien	Risiko schwer abschätzbar Rendite schwer abschätzbar Emotionaler Wert, wenn man selbst darin wohnt	Verschiedene Steuern wie Grundstückgewinn- und Handänderungssteuern

Keine Steuerfreiheit für Profis

Was bei der Diskussion um die Steuerfreiheit von Kapitalgewinnen oft vergessen geht: Diese gilt nur für Privatpersonen. Banken, Unternehmen, Wertschriftenhändler und Vermögensverwalter, kurz alle, die Börsengeschäfte professionell betreiben, müssen auch auf Kapitalgewinnen Einkommenssteuer bezahlen. Im Gegenzug dürfen sie allerdings Verluste auf das Einkommen anrechnen und natürlich ihre üblichen Berufsauslagen ebenfalls.

Während der letzten Börsenhausse gab es nicht wenige Privatpersonen, die versuchten, statt auf dem gelernten Beruf an der Börse ihr Geld zu verdienen. In der Folge begannen die Steuerbehörden, solche «Privatinvestoren» unter die Lupe zu nehmen und sie von Fall zu Fall als gewerbsmässige Händler einzustufen. Als Kriterien für die berufsmässige Einstufung gelten etwa:
— Regelmässige und häufige Käufe und Verkäufe von Wertschriften
— Handel mit grösseren Beträgen
— Rasche Wiederanlage von Gewinnen
— Börsengeschäfte auf Kredit
— Börsengeschäfte auf Auftrag und Rechnung von anderen Personen

Die Behörden werden besonders dann misstrauisch, wenn jemand sich als Privatanleger bezeichnet, aber über einschlägige Berufserfahrung oder besondere Kenntnisse verfügt, beispielsweise bei ehemaligen Bankangestellten oder Börsenhändlern. Die Kantone verhalten sich in dieser Frage unterschiedlich restriktiv. Wer also regelmässig Anlagegeschäfte tätigt, sollte sich genau nach der Praxis des Wohnsitzkantons erkundigen.

Turbo-Anlagen: Optionen Optionen sind spekulative Anlagen, mit denen sich rasch viel Geld gewinnen aber auch verlieren lässt. Amateure lassen besser die Finger davon – umso mehr als Spekulation und Geldanlage eigentlich zwei verschiedene Dinge sind. Hier soll einfach der Vollständigkeit halber gesagt werden, dass auch Optionsgewinne steuerfrei sind. Für Kleinanleger jedoch eignen sich diese Wertpapiere nicht, weder als Vermögensanlage noch als Mittel, um Steuern zu sparen.

Steuerliche Behandlung von Mitarbeiteraktien Viele Firmen geben ihren Mitarbeiterinnen und Mitarbeitern die Möglichkeit, Aktien des eigenen Unternehmens zu günstigen Konditionen zu erwerben. In diesem Fall taxiert das Steueramt die Differenz zwischen dem Wert und dem Bezugspreis nicht als Kapitalgewinn, sondern als geldwerte Leistung des Arbeitgebers und kassiert darauf Steuern (und AHV ist auch zu zahlen).

Wer beispielsweise für 400 Franken eine Aktie beziehen kann, die zu diesem Zeitpunkt am Markt für 500 gehandelt wird, muss die Differenz von 100 Franken versteuern. Sollte der glückliche Käufer das Wertpapier später für 600 Franken verkaufen können, gelten die zusätzlichen 100 Franken Wertsteigerung hingegen als Kursgewinn und sind steuerfrei.

Oft dürfen solche vergünstigten Mitarbeiteraktien erst nach einer bestimmten Frist wieder verkauft werden. Ist dies der Fall, reduziert sich der für die Steuerberechnung massgebliche Verkehrswert mit jedem Jahr.

Wichtige Grösse: der Grenzsteuersatz

Eine grundsätzliche Frage sollten Sie bei allen steuerlichen Überlegungen stellen: Wie viel macht die Steuerersparnis tatsächlich aus, in Franken gerechnet? Die Antwort hängt in erster Linie von Ihrem Grenzsteuersatz ab, also von dem Satz, zu dem ein oben auf das steuerbare Einkommen kommender, zusätzlicher Betrag besteuert wird. Und das ist eine andere Grösse als der Gesamtsteuersatz, der durchschnittliche Satz, zu dem das gesamte Einkommen besteuert wird. Für die Bundessteuer zeigt dies die Tabelle «Die direkte Bundessteuer» in Kapitel 2 (Seite 57); für die Kantons- und Gemeindesteuern läuft die Progression in ähnlicher Weise. Wenn Sie eine

Steueroptimierung planen, sollten Sie immer vom Grenzsteuersatz ausgehen, wie folgendes Beispiel zeigt.

Rita D., **eine ledige Angestellte in Altdorf UR** hat ein steuerbares Einkommen von 50 000 Franken und zahlt 7520 Franken Bundes-, Kantons-, Gemeinde und Kirchensteuern. Ihr Kollege Urs A. mit einem Einkommen von 100 000 Franken zahlt bereits 21 755 Franken Steuern. Für Rita D. ergibt sich ein Gesamtsteuersatz von 15,04 Prozent, für Urs A. ein solcher von 21,8 Prozent.

Deklarieren beide 1000 Franken mehr Einkommen – egal, ob aus einer Lohnerhöhung, aus einem Zinsertrag oder aus irgendeiner anderen Quelle –, so wird dieser Betrag zum Prozentsatz für 50 000 bzw. 100 000 Franken besteuert. Für Rita D. sind das 23,8 Prozent oder 238 Franken, für Urs A. aber 33 Prozent oder 330 Franken – auf dem gleichen zusätzlichen Betrag.

Steuersparmöglichkeiten mit Geldanlagen

Man kann es nicht genug wiederholen: Steuern sparen allein darf nicht das Ziel einer Geldanlage sein. Massgeblich ist nicht der eingesparte Steuerbetrag, von Bedeutung ist vielmehr die Summe, die nach Bezahlung der Steuern unter dem Strich übrig bleibt.

Trotzdem gibt es eine ganze Reihe Möglichkeiten, beim Geldanlegen Steuern zu sparen:

— **Berufliche Vorsorge:** Bei Geldanlagen denken die Leute vorab an Aktien, Obligationen oder das Sparbuch. Doch das rentabelste Sparbuch ist die Pensionskasse. Mit Einzahlungen in die 2. Säule schlägt man drei Fliegen mit einer Klappe: Erstens lässt sich der eingezahlte Betrag vom steuerbaren Einkommen abziehen, zweitens wird das Kapital in den meisten Fällen zu einem überdurchschnittlichen Satz steuerfrei verzinst und drittens werden je nach Pensionskassenreglement mit zusätzlichen Einzahlungen auch die Risikoleistungen im Fall von Tod und Invalidität erhöht (mehr dazu in Kapitel 9).

— **Säule 3a:** Die Verfassung schreibt dem Bund vor, die Altersvorsorge mit steuerlichen Begünstigungen zu fördern. Daraus ist das steuerbegünstigte Vorsorgesparen 3a entstanden. Die Einzahlungen aufs gebundene Konto 3a können bis zu jährlich festgelegten Maximalbeiträgen vom steuerbaren Einkommen in Abzug gebracht werden (mehr dazu in Kapitel 9).

— **Aktien:** Die Dividende fällt bei Aktienanlagen nicht ins Gewicht. Interessant sind die Kursgewinne – und diese sind steuerfrei. Freilich sollten Sie bei Aktienanlagen bestimmte Regeln einhalten: Kaufen Sie Aktienfonds statt Einzelaktien; und investieren Sie nur Geld, auf das Sie in den nächsten zehn Jahren nicht angewiesen sind. Für kurzfristige Anlagen, die gleichzeitig sicher sein sollen, eignen sich Aktien nicht

— **Obligationen:** Der Zins bei Obligationen ist als Einkommen zu versteuern, daher sollten Sie zumindest auf den Marchzinstermin achten (siehe Seite 173). Bei grösseren Beträgen lassen sich mit Transaktionen im richtigen Zeitpunkt schnell ein paar Tausend Franken sparen. Allerdings wird die Steuerbehörde misstrauisch, wenn jemand regelmässig kurz vor dem Zinstermin Obligationen verkauft und anschliessend ähnliche zukauft. Dann besteht das Risiko, dass dies als Steuerumgehung betrachtet wird.

— **Obligationen unter dem Ausgabepreis:** Die Differenz zwischen dem Kurs einer Obligation und dem Ausgabepreis ist steuerfrei. Doch eine sehr grosse Differenz könnte als überwiegende Einmalverzinsung eingestuft werden – und die wiederum ist steuerbar (siehe Seite 173).

— **Ausländische quellensteuerfreie Wertpapiere:** Damit spart man zwar keine Einkommenssteuern, aber zumindest den Zinsverlust, der durch den sofortigen Abzug der Verrechnungssteuer entsteht.

— **Fremdwährungsobligationen:** Alle Anlagen in einer fremden Währung – ob Aktien, Obligationen oder ein einfaches Konto – können im Wert steigen oder fallen, je nachdem wie sich der Kurs dieser Währung gegenüber dem Franken entwickelt. Steigt der Wechselkurs, ist die Anlage mehr wert. Auch solche Devisengewinne sind steuerfreie Kapitalgewinne. Allerdings dürfen Sie das Währungsrisiko nicht unterschätzen. Langfristig hat der Franken seinen Ruf als Hartwährung immer wieder bestätigt; der Dollar beispielsweise hat im Verhältnis innerhalb von weniger als zwanzig Jahren seinen Wert etwa halbiert.

Steuerbegünstigte Altersvorsorge

«Der Bund fördert in Zusammenarbeit mit den Kantonen die Selbstvorsorge namentlich durch Massnahmen der Steuer- und Eigentumspolitik.» So steht es in der Bundesverfassung geschrieben. Die Folge davon sind steuerbegünstigte Anlagen und Versicherungsprodukte. Doch eine Versicherung abzuschliessen, bloss um damit Steuern zu sparen, ist keine gute Idee.

Steuerspar-Thema Nummer 1

Wann immer das Thema Steuernsparen zur Sprache kommt, ist bald einmal die Rede von der Vorsorge für Alter, Invalidität und Tod. Denn diese wird steuerlich stark begünstigt, und zwar in allen Phasen, von der Einzahlung über die Vermögensbildung (Zinszahlungen auf Einlagen) und das Vermögen bis zur Auszahlung.

Hier liegt eine der besten Möglichkeiten überhaupt, Steuern zu sparen. Allerdings sind die Vorsorgebausteine und die Regeln kompliziert. Das heisst, für alle Planungen und Massnahmen, die über die obligatorischen Einzahlungen in die 2. Säule hinausgehen, ist eine seriöse Beschäftigung mit der Materie oder fachliche Beratung nötig.

> 💡 Ausführliche Informationen über eine gezielte Vorsorge finden Sie im Beobachter-Ratgeber «Richtig vorsorgen. Finanziell gesichert in die Pensionierung» (www.beobachter.ch/buchshop).

Die drei Säulen des schweizerischen Vorsorgesystems

Die Altersvorsorge ist in der Schweiz ein politisches Streitthema, zuletzt im November 2008, als die Stimmbürgerinnen und Stimmbürger zum wiederholten Mal über eine Flexibilisierung und Senkung des Rentenalters zu befinden hatten – und sie ablehnten. Im Ausland jedoch gilt das schweizerische System der Alters- und Invaliditätsvorsorge als vorbildlich. Zum einen beruht es auf drei unterschiedlichen Säulen; zum andern erfolgt die Finanzierung auf zwei grundsätzlich verschiedene Arten.

— Die **AHV** wird mit dem Umlageverfahren finanziert, bei dem die eingezahlten Beiträge der arbeitenden Bevölkerung laufend

Das Vorsorgesystem im Überblick

	1. Säule	2. Säule	3. Säule	
			Säule 3a	Säule 3b
Bezeichnung	AHV/IV, staatliche Vorsorge	Pensionskasse, berufliche Vorsorge	Gebundene Selbstvorsorge	Freie Vorsorge
Zweck	Sicherung des Existenzminimums	Sicherung des gewohnten Lebensstandards	Abdeckung von Vorsorgelücken, zusätzliche Vorsorge nach individuellen Möglichkeiten und Bedürfnissen	Zusätzliche Vorsorge nach individuellen Möglichkeiten und Bedürfnissen
Unterstellung	Obligatorisch für alle Personen, die in der Schweiz wohnen oder arbeiten	Obligatorisch für alle Arbeitnehmerinnen und Arbeitnehmer, die mehr als den Mindestjahreslohn von 20 520 Franken verdienen (Stand 2009)	Freiwillig, nur für Erwerbstätige	Freiwillig, für alle

Steuerliche Behandlung

	1. Säule	2. Säule	Säule 3a	Säule 3b
Einzahlungen	Können vom Einkommen abgezogen werden	Können vom Einkommen abgezogen werden	Können bis zu bestimmten Höchstbeträgen vom Einkommen abgezogen werden	Können – ausser im Rahmen der allgemeinen Versicherungsprämien – nicht abgezogen werden
Vermögensbildung	Steuerfrei	Steuerfrei	Steuerfrei	Je nach Anlageart*
Auszahlung	Einkommensteuerpflichtig	Einkommensteuerpflichtig; für Kapitalauszahlungen Spezialtarife	Einkommensteuerpflichtig; für Kapitalauszahlungen Spezialtarife	Je nach Anlageart*

* Bestimmte Lebensversicherungen sind auch im Rahmen der freien Vorsorge steuerbegünstigt.

für die Renten der Pensionierten verwendet – eben umgelegt – werden.

— Die Leistungen der **beruflichen Vorsorge**, der 2. Säule, werden mit dem Kapitaldeckungsverfahren finanziert: Die Beschäftigten sparen während ihrer Erwerbstätigkeit ein Kapital an, das sie im Alter wieder verbrauchen können. Die gesetzliche Grundlage dafür ist das BVG, Bundesgesetz über die berufliche Vorsorge.

— Die Finanzierung der 3. Säule, der freiwilligen Vorsorge, läuft prinzipiell gleich wie bei der 2. Säule: Was Sie fürs Alter zur Seite legen, kommt Ihnen nach der Pensionierung zugut.

Die AHV/IV wird hier nicht weiter behandelt, da sie obligatorisch ist und auch die Höhe der Beiträge nicht beeinflusst werden kann. Deshalb nur der Hinweis, dass die eingezahlten Beiträge vom steuerbaren Einkommen abgezogen werden können und dafür die Renten bei der Auszahlung versteuert werden müssen (siehe Seite 94).

Obligatorische Unfallversicherung

Zum Sozialversicherungssystem zählt im Übrigen auch die obligatorische Unfallversicherung nach UVG. Diese deckt die Folgen von Berufs- und Nichtberufsunfällen ab und ist für alle Arbeitnehmerinnen und Arbeitnehmer obligatorisch. Selbständigerwerbende können sich freiwillig gemäss UVG versichern lassen. Die Prämien für diese Versicherung können in der Steuererklärung abgezogen werden, die Renten werden besteuert.

Steuern beeinflussen mit der 2. Säule

Die Versicherung bei einer Vorsorgeeinrichtung gemäss BVG ist obligatorisch für alle Arbeitnehmerinnen und Arbeitnehmer, die mehr als 20 520 Franken verdienen (Stand 2009). Die Pensionskasse kann nicht frei gewählt werden, sondern es ist Sache des Arbeitgebers, seine Angestellten bei einer Vorsorgeeinrichtung zu versichern. Grosse Unternehmen führen oft eine eigene Pensionskasse, mittlere und kleinere Unternehmen sind eher einer Sammelstiftung angeschlossen.

Selbständigerwerbende können freiwillig berufliche Vorsorge betreiben. Mitglieder eines Berufsverbands mit eigener Vorsorgeeinrichtung können sich dieser anschliessen; Firmeninhaber, die ihr Personal bei einer Pensionskasse versichern, können dieser selbst beitreten; eine dritte Möglichkeit besteht bei der Stiftung Auffangeinrichtung BVG.

Für die Altersvorsorge reserviert

Als «Gegenleistung» für die steuerliche Begünstigung bleiben Guthaben der 2. Säule – wie auch der Säule 3a – für den Zweck der Altersvorsorge gebunden und können nicht nach Belieben abgehoben und für andere Zwecke ausgegeben werden. Das Geld darf frühestens fünf Jahre vor der regulären Pensionierung bezogen werden. Eine vorzeitige Auszahlung ist nur in Ausnahmefällen möglich:
— Definitive Auswanderung aus der Schweiz: Eine längere Ferienreise genügt als Grund für eine Barauszahlung nicht.
— Aufnahme einer selbständigen Erwerbstätigkeit
— Finanzierung von selbst genutztem Wohneigentum (siehe Seite 135)

Die 2. Säule dient nicht nur dem Sparen aufs Alter – obwohl sie hauptsächlich in diesem Zusammenhang genannt wird –, versichert sind auch eine Invalidenrente sowie Leistungen an die Hinterbliebenen beim Tod der versicherten Person. Die Leistungen und auch die Beiträge der verschiedenen Pensionskassen sind nicht einheitlich. Das BVG schreibt allen Vorsorgeeinrichtungen ein Minimum vor, doch viele kennen darüber hinausgehende überobligatorische Leistungen.

Die Beiträge an die Pensionskasse können in der Steuererklärung vollumfänglich abgesetzt werden. In der Regel werden sie schon durch den Arbeitgeber vom Bruttolohn abgezogen. Das Guthaben, das sich in der Zeit bis zur Pensionierung ansammelt, muss nicht versteuert werden.

Rente oder Kapital?

Die Möglichkeiten der Versicherten, die Pensionskassenbeiträge und die Leistungen zu beeinflussen, sind sehr klein. Zwar müssen die Arbeitnehmenden gemäss BVG in den Organen ihrer Vorsorgeeinrichtung paritätisch vertreten sein, doch in der Regel sind sie angesichts der komplizierten Materie gegenüber den Arbeitgebervertretern am kürzeren Hebel. Beeinflussen lässt sich hingegen vor allem die Art der Auszahlung, und diese hat Auswirkungen auf die Steuern:

— Bezieht man im Alter eine Pensionskassenrente, muss diese zu 100 Prozent versteuert werden (beim Bund und in vielen Kantonen gilt eine Übergangsregelung, wonach Renten, die vor 2001 zu laufen begannen, unter gewissen Voraussetzungen nur zu 80 Prozent steuerbar sind).

— Lässt man sich das Pensionskassenguthaben in einer einmaligen Kapitalleistung auszahlen, wird diese zwar ebenfalls besteuert, aber zu einem gemässigten Tarif. Der Bund und alle Kantone besteuern Pensionskassenkapital erstens getrennt vom übrigen Einkommen – die Progression greift also nicht vollständig – und zweitens zu einem tieferen Satz als normales Einkommen. Eine Tabelle mit den verschiedenen Sätzen finden Sie im Anhang (Seite 228), Beispiele auf Seite 194.

Beim Entscheid für Rente oder Kapital sollten Sie jedoch nicht nur steuerliche Überlegungen, sondern auch die anderen Vor- und Nachteile der beiden Varianten einbeziehen.

— Eine Rente wird Ihnen lebenslänglich in garantierter Höhe ausbezahlt; Sie verfügen über ein festes, planbares Einkommen. Auch müssen Sie sich nicht selbst mit einer sinnvollen Anlage des Geldes befassen. Sterben Sie, wird der hinterbliebenen Seite eine Rente bezahlt, sofern die Ehe mindestens fünf Jahre gedauert hat oder sie noch für den Unterhalt von Kindern aufkommen muss. Auch die Kinder erhalten bis zum 18. Altersjahr – bzw. bis zum 25., wenn sie in noch in Ausbildung sind – eine Hinterbliebenenrente. Guthaben, das dafür nicht aufgebraucht wird, fällt in der Regel an die Pensionskasse.

— Lassen Sie sich das Kapital auszahlen, sind Sie frei in der Verwendung. Sie können das Geld für einen Hauskauf oder eine Weltreise einsetzen. Dafür sind Sie aber selbst verantwortlich, die Mittel so anzulegen, dass Sie bis zu Ihrem Lebensende reichen. Was übrig bleibt, fällt an Ihre Erben.

Einkauf spart Steuern

Eine weitere Möglichkeit, die Steuern zu beeinflussen, ist der zusätzliche Einkauf in die Pensionskasse. Wenn Ihre bisherigen Beiträge nicht für die Finanzierung der vollen reglementarischen Leistungen ausreichen – beispielsweise weil Sie an Ihrer früheren Stelle einer Pensionskasse mit schlechteren Leistungen angehörten oder weil Sie eine Erwerbspause eingeschaltet haben –, können Sie die fehlenden Beträge nachzahlen. Diese Nachzahlungen können wie die regulären Penisonskassenbeiträge vom steuerbaren Einkommen abgezogen werden, und das wirkt sich positiv auf die Steuerrechnung aus. Wenn Sie solche Nachzahlungen über mehrere Jahre verteilen, wird die Progression mehrmals reduziert.

Generell gilt, dass die 2. Säule für Gutverdienende eine ideale Möglichkeit bietet, Steuern zu sparen: Viele Unternehmen haben für ihre Kaderleute sogenannte Bel-Etage-Versicherungen eingerichtet. Zwar sind seit 2001 die Einkaufssummen nach oben nicht mehr wie früher unbegrenzt, aber sie bieten für Gutverdienende immer noch lukrative Möglichkeiten, dank hohen Einzahlungen grosse Steuerabzüge vorzunehmen.

 Wie hoch die Einkaufssumme ist, sehen Sie im Pensionskassenausweis. Im Reglement können Sie nachlesen, bis wann die Pensionskasse Einkäufe zulässt. Falls Sie Pensionskassengeld für den Kauf von Wohneigentum eingesetzt haben, müssen Sie zuerst diese Vorbezüge zurückzahlen, bevor Sie sich weiter einkaufen können.

Säule 3a und 3b – die freiwillige Vorsorge

Die 3. Säule ist genau betrachtet eine doppelte, bestehend aus zwei recht unterschiedlichen Elementen. Wer in die Säule 3a, die gebundene Vorsorge, einzahlt, profitiert von ähnlichen steuerlichen Vorteilen wie bei der 2. Säule, muss allerdings auch dieselben Einschränkungen akzeptieren (siehe Seite 185).

Die Säule 3b hingegen, die freie Vorsorge, ist nichts anderes als das ganze sonstige Vermögen und umfasst somit alles vom Bankkonto über Aktien und Obligationen, Eigenheim und Eigentumswohnung bis zu jeder Art von Lebensversicherungen.

In die gebundene Vorsorge der Säule 3a einzahlen können nur Personen, die ein AHV-pflichtiges Einkommen haben. Nichterwerbstätigen steht für solche Einzahlungen lediglich die freie Vorsorge der Säule 3b offen.

Steuerspareffekte mit der Säule 3a

Der Steuerspareffekt mit der Säule 3a ist ein mehrfacher, der wichtigste Aspekt: Die Einzahlung kann bis zu einem bestimmten Höchstbetrag vom steuerbaren Einkommen abgezogen werden. Vor allem bei höheren Einkommen ist die daraus resultierende Steuerersparnis deutlich spürbar. Die Obergrenze wird vom Bund festgelegt und beträgt für 2009:

— für Personen mit Pensionskasse, also vor allem Arbeitnehmerinnen und Arbeitnehmer: 6566 Franken (2008: 6365 Franken)

— für Erwerbstätige ohne Pensionskasse, das sind in erster Linie Selbständigerwerbende: 20 Prozent des Erwerbseinkommens, aber höchstens 32 832 Franken (2008: 31 824 Franken)

Karin R. ist selbständig und erzielt im Jahr ein Einkommen von 170 000 Franken. Damit kann sie den Maximalbetrag, nämlich 32 832 Franken, in die Säule 3a einzahlen. Ihr Grenzsteuersatz beträgt 30 Prozent (siehe Seite 176); die Einzahlung in die Säule 3a senkt ihre Steuerrechnung also um 9850 Franken (30 Prozent von 32 832 Franken). Ihre Kollegin Veronika M., die als Angestellte einen gleich hohen Grenzsteuersatz hat, kann 6566 Franken in die Säule 3a einzahlen und spart damit immerhin noch 1970 Franken Steuern.

Auch in der Zeit bis zur Pensionierung sind 3a-Vorsorgegelder steuerlich begünstigt. Weder zahlt man Einkommenssteuern auf den Zinsen oder Erträgen, noch wird das angesparte Kapital mit der Vermögenssteuer belegt.

Und wird dann das angesparte Kapital aus der Säule 3a schliesslich bei der Pensionierung ausgezahlt, wird es zum einen separat vom übrigen Einkommen besteuert – was die Progression bricht –, zum andern kommt ein spezieller, tieferer Satz als beim übrigen Einkommen zur Anwendung. Die entsprechenden Regelungen sind allerdings von Kanton zu Kanton sehr unterschiedlich (siehe Tabelle Seite 194).

Verheiratete können – vorausgesetzt Mann und Frau sind erwerbstätig – je separat eine Säule 3a einrichten und so zweimal den Höchstbetrag in der Steuererklärung abziehen. Um die Progression zu brechen, lassen sie sich die beiden Guthaben am besten in unterschiedlichen Jahren auszahlen.

Auch Alleinstehende können die Progression bei der Auszahlung mildern, indem sie ihre Einzahlungen in die Säule 3a auf mehrere Konten verteilen und sich diese in unterschiedlichen Jahren auszahlen lassen.

Achten Sie – ebenfalls aus Gründen der Progression – darauf, dass Auszahlungen aus der Säule 3a nicht mit einer Kapitalauszahlung von Pensionskassenguthaben zusammenfallen.

Die verschiedenen Anlagemöglichkeiten im Rahmen der Säule 3a

Für Guthaben der Säule 3a sieht das Gesetz zwei Möglichkeiten vor: das 3a-Vorsorgekonto und die 3a-Vorsorgepolice. Banken und Versicherungsgesellschaften halten unterschiedliche Produkte für Anlegerinnen und Anleger bereit; einheitlich sind bei allen die steuerlichen Begünstigungen und die Einschränkungen für den Bezug des Geldes:

— **3a-Bankkonto mit festem Zinssatz:** Der Zinssatz für solche Konten liegt über demjenigen der üblichen Sparkonten (etwa

0,5 Prozent). Die Rendite eines 3a-Kontos ist bei gleichen Einzahlungen höher als bei einer Versicherungspolice, da keine Risikoprämien abgezogen werden. Dafür besteht im Invaliditäts- oder Todesfall auch kein Risikoschutz. Von Vorteil ist, dass bei 3a-Konten in der Regel keine Einzahlungspflicht besteht; damit bleibt man flexibler, beispielsweise bei einem finanziellen Engpass.

— **Fondsgebundenes 3a-Konto:** Das eingezahlte Geld wird in Anlagefonds investiert, die Aktien, Obligationen oder Geldmarktanlagen enthalten. Zur Auswahl stehen verschiedene Produkte, die sich vor allem in der Höhe des Aktienanteils unterscheiden. Gemäss BVG-Vorschriften dürfen Anlagefondskonten der Säule 3a nicht mehr als 50 Prozent Aktien enthalten. Fondsverwaltete Säule-3a-Konten locken mit höherer Rendite; nicht vergessen werden darf jedoch, dass damit unweigerlich auch ein höheres Risiko verbunden ist.

— **3a-Versicherungspolice:** Dabei handelt es sich in der Regel um gemischte Lebensversicherungen. Ein Teil der Prämie wird verwendet, um das Todesfall- und Invaliditätsrisiko abzudecken, der Rest dient zum Aufbau eines Erlebensfallkapitals, das mit einem festen Zinssatz verzinst und der versicherten Person bei Ablauf des Versicherungsvertrags samt einem – allerdings nicht garantierten – Überschussanteil ausbezahlt wird. Wer eine solche 3a-Police abschliesst, verpflichtet sich, während der ganzen Laufzeit jedes Jahr die vereinbarte Prämie – oder doch mindestens den Risikoanteil – einzuzahlen. Das kann zu einem Sparzwang werden, denn eine Umwandlung in eine prämienbefreite Police ist mit massiven finanziellen Einbussen verbunden.

— **Fondsgebundene 3a-Vorsorgepolice:** Auch die Versicherungsgesellschaften bieten neben den konservativen Policen mit fester Verzinsung fondsgebundene Lösungen an, deren Rendite von der Entwicklung der zugrunde liegenden Anlagefonds abhängt.

Viele Eigenheimbesitzer benutzen eine 3a-Versicherungs-
police zur indirekten Amortisation ihrer Hypothek. Dadurch
profitieren sie vom Steuerabzug für die Säule 3a und können
gleichzeitig in der Steuererklärung die Hypothekarzinsen in voller
Höhe abziehen (mehr dazu auf Seite 154).

Welche Lösung ist die richtige? Die Wahl der besten Säule-3a-
Lösung ist eine sehr individuelle Angelegenheit. Wer vor diesem Entscheid steht, sollte sich folgende Punkte überlegen:

— **Versicherungsschutz ja oder nein?** Das ist die wichtigste Frage.
Wenn Sie eine Ehepartnerin, einen Ehepartner, Kinder oder andere Personen unterstützen müssen, wählen Sie mit Vorteil eine
Versicherungslösung, die den Hinterbliebenen im Todesfall eine Rente oder eine Kapitalauszahlung garantiert. Aber auch
für sich selbst kann man eine Rentenversicherung (für Alter
und/oder Invalidität) abschliessen. Allerdings: Alle diese Versicherungen sind auch ausserhalb der Säule 3a möglich.

— **Prämienbefreiung:** Wer eine Versicherungslösung wählt, sollte
Prämienbefreiung vereinbaren. Wird man erwerbsunfähig,
übernimmt die Versicherungsgesellschaft die Prämien und der
Versicherungsschutz – je nach Police auch der Sparteil – läuft
weiter, wie wenn man selbst bezahlt hätte.

— **Sparzwang:** Gemischte Lebensversicherungen mit fixer Prämie
können zum Sparzwang werden. Es empfiehlt sich deshalb,
ein Produkt mit flexiblem Sparteil zu wählen, bei dem Sie sich
nur für den Risikoteil der Prämie verpflichten und das Sparen
jedes Jahr so flexibel wie möglich Ihren finanziellen Möglichkeiten anpassen können.

— **Ertrag:** 3a-Bankkonten bieten in aller Regel eine bessere Verzinsung. Wer also während 20 Jahren auf ein Bankkonto der
3. Säule einzahlt, erhält bei der Pensionierung mehr ausbezahlt,
als wenn er das gleiche Geld bei einer Versicherung angelegt
hätte. Wenn dennoch ein Risikoschutz nötig ist, lässt sich dieser

mit einer reinen Risikopolice oft günstiger decken als über eine gemischte Versicherung.

— **Zinsgarantie oder Risiko:** Ein garantierter Zins lässt Sie ruhiger schlafen. Je nach Börsen- und Zinssituation lässt sich aber mit einer fondsgebundenen 3a-Anlage mehr Ertrag erzielen. Wie bei allen anderen Vermögensanlagen – und darum handelt es sich hier – ist es auch beim Sparen und Vorsorgen mit der Säule 3a so, dass höhere Renditen nur gegen mehr Risiko zu haben sind. Deshalb gilt: Ein fondsgebundenes 3a-Konto mit hohem Aktienanteil verspricht zwar langfristig am meisten Ertrag, kann aber auch zu Verlusten führen; ein hoher Anteil an Obligationen ist relativ sicher, aber ertragsmässig weniger attraktiv; ein Säule-3a-Konto wirft zwar nur – beispielsweise – 2 Prozent Zins ab, aber diesen auf sicher.

— **Wechseln:** Die Wahl der richtigen Säule-3a-Lösung ist auch deshalb besonders wichtig, weil Sie sich damit unter Umständen festlegen und nur mit Verlust auf eine andere Lösung umsteigen können. Unproblematisch ist der Wechsel zwischen einem Konto mit festem Zins und einem fondsgebundenen; dieser ist

---

Risikoversicherung im Rahmen der Säule 3a

Selbständige können Erwerbsausfallversicherungen für Krankheit und Unfall innerhalb der Säule 3a abschliessen, auch wenn diese keinen Spar-, sondern nur einen Risikoteil enthalten. Die Prämien dafür sind wie die Vorsorgeeinzahlungen in die Säule 3a steuerlich abzugsberechtigt. Allerdings müssen sich die Gesamteinzahlungen im Rahmen des erlaubten Maximalbetrags halten.

Beim Entscheid, Risiko oder Sparen über die Säule 3a, gilt es Folgendes zu bedenken: Zwar wird durch den Risikoanteil die Höhe der 3a-Vorsorgegelder tatsächlich reduziert; mit einer Lebensversicherung im Rahmen der Säule 3b können Sie aber zusätzlich ein Kapital oder eine Rente kaufen und dabei die steuerlichen Vorteile dieser Säule ausnützen.

Steuern auf Kapitalzahlungen aus Vorsorge

Kanton	Kapital in Franken			
	50 000	100 000	250 000	500 000
AG	1 290	5 150	23 060	55 100
AI	1 200	4 180	16 210	35 870
AR	2 990	6 350	18 800	41 870
BE	1 980	5 120	19 420	47 260
BL	1 790	3 950	12 800	36 350
BS	1 810	5 250	20 920	47 420
FR	2 310	6 300	25 900	60 490
GE	2 190	5 450	18 670	42 670
GL	3 290	6 950	20 300	42 920
GR	1 600	3 570	11 840	26 010
JU	2 330	5 530	19 010	41 860
LU	1 440	4 840	19 180	44 640
NE	2 600	6 740	22 570	47 470
NW	2 200	5 270	19 380	42 600
OW	2 780	5 930	17 760	37 850
SG	2 160	4 960	17 430	44 150
SH	950	3 250	14 020	32 750
SO	1 280	4 480	17 890	41 640
SZ	520	1 810	11 290	36 740
TG	2 990	6 360	18 820	39 970
TI	2 030	4 440	14 020	30 370
UR	1 560	4 000	15 170	34 170
VD	2 300	6 170	23 750	58 200
VS	2 240	4 860	17 070	50 290
ZG	1 000	3 200	14 110	33 100
ZH	2 350	5 080	15 620	46 030

Steuerbelastung 2008 in den Kantonshauptorten bei unterschiedlichen Kapitalauszahlungen (Bund, Kanton, Gemeinde, Kirche)

Auf 10 Franken gerundet

Annahmen:
– Verheiratet
– Konfession reformiert
– BL, TI, VS Rentensatz: Auszahlungsalter 65, männlich

Quelle: TaxWare by Five Informatik

meist ohne Spesen möglich. Mit einer Versicherungspolice
hingegen gehen Sie einen Vertrag mit fester Laufzeit ein. Möchten Sie vor dem regulären Ablauf daraus aussteigen, ist dies
nur mit massiven finanziellen Einbussen möglich.

Steuervorteil der Säule 3a
– ein Fragezeichen

Schon im Kapitel über Geldanlagen wurde darauf hingewiesen, dass
die Steuerersparnis an sich nicht der Grund für eine Vermögensanlage sein kann. Gerade bei der 3. Säule aber haben die verschiedenen
Anbieter sowie Fachleute und Medien in den letzten Jahren diesen
Aspekt dermassen stark in den Vordergrund gerückt, dass das eigentliche Ziel – die Altersvorsorge, die Vermögensvermehrung – in
einigen Fällen aus den Augen verloren wurde. Wer die Prospekte
der Anbieter genauer studiert, kann durchaus feststellen, dass hier
unzählige Male von «Steuervorteil», «maximalem Steuerabzug» oder
«Steuererleichterung» die Rede ist, dass aber nirgends genau festgehalten wird, in welchen Fällen nun eigentlich wer welche Rente oder
Auszahlung wofür erhält. Ähnlich sieht es in Ratgebern und auf
Internetseiten von Steuerspezialisten aus, wo beispielsweise geraten wird, möglichst schon in jungen Jahren mit dem Sparen in der
Säule 3a zu beginnen, um dank dem Zinseszinseffekt und den Steuervorteilen angeblich maximale Erträge zu holen.

Doch es gibt auch Experten, welche die Meinung vertreten, der
Steuervorteil sei gar nicht so gross, wie meist behauptet wird. Der
Hauptgrund ist, dass bei der Auszahlung Einkommenssteuern fällig
werden – zu einem reduzierten Satz zwar, aber auf dem gesamten
Betrag, also auch auf den Kapitalerträgen (siehe Tabelle auf Seite
228). Tatsächlich entsteht die grosse Steuereinsparung nur bei der
Einzahlung – und damit ist es paradoxerweise so, dass der Spareffekt umso grösser ist, je kürzer das Geld angelegt bleibt. Auf lange
Frist gerechnet, wird die Säule 3a also immer weniger attraktiv.

Insbesondere jüngere Leute sollten sich deshalb gut überlegen, ob sie ihr Geld in der gebundenen Vorsorge anlegen wollen oder nicht doch eher in Aktien. Denn über lange Zeiträume bringen Aktien am meisten Ertrag – 3 bis 4 Prozent mehr als Obligationen. Bei der Säule 3a aber gilt für den Aktienanteil eine gesetzliche Höchstgrenze von 50 Prozent, sodass über lange Jahre eine 3a-Anlage schlechter abschneidet als etwa ein reiner Aktienfonds. Ein Wirtschaftsmagazin machte die Rechnung und kam zum Schluss, dass je nach Grenzsteuersatz und Anlagestrategie eine Wertschriftenanlage höchstens 15 Jahre in der Säule 3a gehalten werden sollte.

Mit diesen Überlegungen sollen weder die Bedeutung der Säule 3a für die Vorsorge noch der gesetzliche Aktien-Höchstanteil noch die Steuerbegünstigung infrage gestellt werden. Denn wegen ihrer Konstruktion ist diese Vorsorgeform für viele Leute ideal, und sie bietet hohe Sicherheit. Doch die Fixierung auf den vermeintlichen Steuervorteil kann den Blick auf ebenfalls vorhandene Nachteile versperren.

Steuerbegünstigung bei der Säule 3b

Die Säule 3b steht allen offen, unabhängig davon, ob jemand erwerbstätig ist oder nicht. Steuerlich interessant sind in diesem Teil der Vorsorge in erster Linie Versicherungsprodukte. Zwar können Einzahlungen in eine 3b-Versicherung in den meisten Kantonen nur im Rahmen der allgemeinen Versicherungsprämien zum Abzug gebracht werden und hier ist der Höchstbetrag meist schon mit den

---

Begünstigungsmöglichkeit

In Policen der Säule 3b können Versicherungsnehmer auch Personen ausserhalb des Kreises der gesetzlichen Erben als Begünstigte einsetzen – das ist vor allem für Konkubinatspaare interessant. Ein solche Versicherungsauszahlung unterliegt – sofern keine Pflichtteile verletzt werden – nicht dem Erbrecht.

Krankenkassenprämien erreicht. Auch muss das angesparte Guthaben während der Laufzeit der Police versteuert werden. Doch bei der Auszahlung ist das ganze Guthaben inklusive Erträge und allfällige Überschussanteile von der Einkommenssteuer befreit, vorausgesetzt die gesetzlichen Bedingungen punkto Laufzeit und Alter wurden eingehalten (siehe unten).

Jahresprämienversicherungen Dies ist die bekannte Form von Lebensversicherung. Sie als Versicherungsnehmer verpflichten sich, für die vereinbarte Laufzeit jedes Jahr eine Prämie zu bezahlen. Bei Ablauf erhalten Sie ein Erlebensfallkapital plus einen allfälligen Überschussanteil. Versichert ist auch ein Todesfallkapital, das den Hinterbliebenen ausbezahlt wird, falls Sie während der Laufzeit sterben.

Konventionelle Jahresprämienversicherungen garantieren einen festen Zinssatz für die ganze Vertragszeit; er ist die Basis der garantierten Versicherungsleistung, zu der allenfalls noch der nicht garantierte Überschussanteil kommt. Bei fondsgebundenen Policen ist das Erlebensfallkapital in der Regel nicht garantiert, sondern hängt von der Entwicklung der zugrunde liegenden Anlagefonds ab.

Das Erlebensfallkapital einer Jahresprämienversicherung ist – unabhängig von der Laufzeit – bei der Auszahlung steuerfrei.

Einmaleinlageversicherungen Bei diesen Policen wird die Einlage in einer einmaligen Zahlung bei Vertragsabschluss geleistet und dann während der vereinbarten Laufzeit stehen gelassen. Konventionelle Einmaleinlageversicherungen garantieren ein Erlebensfallkapital, das sich aus der Einlage und einem festen Zins zusammensetzt. Dazu kommen die nicht garantierten Überschüsse. Bei fondsgebundenen Einmaleinlagepolicen hängt das Erlebensfallkapital von der Kursentwicklung der zugrunde liegenden Anlagefonds ab.

Damit die Auszahlung aus einer Einmaleinlageversicherung steuerbefreit ist, müssen folgende Bedingungen erfüllt sein:

— Die versicherte Person ist im Zeitpunkt der Auszahlung mindestens 6o Jahre alt.

— Die Versicherung wird vor der Vollendung des 66. Altersjahrs abgeschlossen.

— Die Laufzeit beträgt mindestens fünf Jahre für Einmaleinlagepolicen mit festem Zinssatz bzw. mindestens zehn Jahre für fondsgebundene Einmaleinlagepolicen.

Eine Jahresprämienversicherung sollten Sie nur abschliessen, wenn Sie sicher sind, dass Sie die Prämie während der ganzen Laufzeit werden tragen können. Eine vorzeitige Auflösung ist immer mit finanziellen Einbussen verbunden.

Schliessen Sie, auch wenn Sie die Lösung mit dem festen Zinssatz wählen, keine Einmaleinlageversicherung mit bloss fünfjähriger Laufzeit ab. Die Stempelsteuer von 2,5 Prozent würde die jährliche Rendite um 0,5 Prozent reduzieren. Je länger die Police läuft, umso weniger fällt diese Abgabe ins Gewicht.

Egal, welche 3b-Variante Sie wählen, das Steuerkriterium ist nur eines unter vielen. Mit Versicherungspolicen lassen Sie sich in der Regel auf eine lange Vertragsdauer ein. Es lohnt sich deshalb, vor Abschluss die Angebote mehrerer Versicherer miteinander zu vergleichen.

Wirrwarr bei Leibrenten

Sie zahlen der Versicherung eine Prämie und diese zahlt Ihnen bis ans Lebensende eine Rente – dies das Prinzip der sogenannten Leibrente. Die Leistung dieser Leibrentenversicherungen setzt sich zusammen aus einer garantierten Rente und einem nicht garantierten Überschussanteil. Was die Besteuerung angeht, so gibt es in keinem anderen Bereich der Vorsorge ein derartiges Durcheinander. Das hat auch damit zu tun, dass Rentenversicherungen viele unterschiedliche Formen aufweisen, die unterschiedliche Steuerfolgen nach sich ziehen. Vier Kriterien sind für Leibrenten ausschlaggebend:

— Rentenzahlung sofort beginnend oder aufgeschoben

— Mit oder ohne Rückgewähr: Mit Rückgewähr wird beim Tod der versicherten Person noch nicht verbrauchtes Kapital an die Erben ausgezahlt. Ohne Rückgewähr bleibt das Kapital beim Versicherer, dafür ist die Rente rund 20 Prozent höher.

— Einmalig oder periodisch (mit Jahresprämien) finanziert

— Auf ein oder auf zwei Leben

Diese Kriterien lassen sich miteinander kombinieren, mit einer Ausnahme: Eine sofort beginnende Leibrente kann nicht periodisch finanziert werden.

Einkommenssteuer Alle selbst finanzierten Leibrentenvariationen haben gemeinsam, dass die Rente zu 40 Prozent als Einkommen zu versteuern ist – und zwar in der ganzen Schweiz.

 Hans. A. wird 65, seine Partnerin Ruth Z. 62 Jahre alt. Eine Pensionskasse hat der selbständigerwerbende Hans A. keine, dafür verfügt er über ein Sparguthaben von 300 000 Franken, mit dem er zur Aufbesserung seines Einkommens eine Rentenversicherung abschliessen will. Ruth Z. verfügt selber über genug Einkommen und ist nach seinem Tod nicht auf weitere Zahlungen angewiesen. Immerhin soll sie dann aber erben, was vom Kapital noch übrig ist. Hans A. schliesst also eine Rentenversicherung auf ein Leben mit Rückgewähr ab. Damit erhält er je nach Gesellschaft eine garantierte Jahresrente von rund 14 400 Franken; mit den nicht garantierten Überschüssen dürften es gar 16 500 Franken sein. Diesen Betrag muss Herr A. als Einkommen versteuern, allerdings nur zu 40 Prozent. Das heisst, er muss nicht 16 500, sondern bloss 6600 Franken versteuern.

Mit der einheitlichen Einkommensbesteuerung sind die Gemeinsamkeiten bereits erschöpft. Steuerlich ohne Belang ist die Frage, ob die Versicherung auf ein oder auf zwei Leben abgeschlossen wird. Doch bei den übrigen Variationen fällt die Besteuerung unterschiedlich aus und unterschiedlich sind auch die kantonalen Regelungen. Es geht um vier Besteuerungen:

— Stempelsteuer beim Abschluss der Versicherung

— Vermögenssteuer auf dem Rückkaufswert

— Besteuerung eines allfälligen Rückkaufs

— Besteuerung des Rückgewährskapitals

Stempelsteuer Mit der Stempelsteuer verhält es sich relativ einfach: Periodisch finanzierte Rentenversicherungen und solche ohne Rückgewähr sind vom Stempel befreit. Für Rentenversicherungen gegen Einmalprämie und solche mit Rückgewähr dagegen muss man beim Abschluss dem Bund 2,5 Prozent der Prämie als Stempelsteuer abliefern.

Vermögenssteuer Schon schwieriger wird es mit der Vermögenssteuer auf dem Rückkaufswert. Einheitlich ist lediglich, dass der Rückkaufswert während der Aufschubzeit – also so lange das Kapital bei der Versicherung ruht – in allen Kantonen als Vermögen zu versteuern ist. Uneinheitlich ist die Regelung nach der Zahlung der ersten Rente. In einigen Kantonen bleibt die Vermögenssteuer auf dem noch vorhandenen Rückkaufswert auch nach Beginn der Rentenzahlung geschuldet, in anderen ist dies nicht der Fall.

Besteuerung des Rückkaufs Kommen Sie zum Schluss, dass Sie die Rentenversicherung doch nicht brauchen, können Sie sie zurückkaufen – zum Rückkaufswert. Allerdings will auch der Fiskus sein Stück abhaben. Der Rückkauf einer Rentenversicherung muss in allen Kantonen als Einkommen versteuert werden. Der Bund und die Mehrheit der Kantone besteuern 40 Prozent der Rückkaufssumme zusammen mit den übrigen Einkünften als Einkommen. Einzelne Kantone kennen andere Regelungen.

Besteuerung des Rückgewährskapitals Haben Sie eine Police mit Rückgewähr abgeschlossen, wird bei Ihrem Tod das noch nicht verbrauchte Kapital den Erben ausbezahlt. Auch dieses Rückgewährskapital wird beim Bund und in allen Kantonen als Einkommen besteuert. Anders als beim Rückkauf kommt für die Bestimmung des Steuersatzes jedoch der Tarif für Kapitalleistungen aus Vorsorge zur Anwendung, was zu einer tieferen Belastung führt. Die übrigen 60 Prozent des Rückgewährskapitals unterliegen der Erbschaftssteuer. Ob und von wem eine solche erhoben wird, richtet sich nach dem Recht des Wohnsitzkantons des Verstorbenen.

Angesichts der Vielfalt an Regelungen gibt es nur einen Rat: Erkundigen Sie sich bei den Steuerbehörden an Ihrem Wohnort, wie die Besteuerung der Leibrentenversicherung, die Sie abschliessen möchten, geregelt ist.

Erben und Steuern

Das Wichtigste zum Thema Erbschaftssteuer: Sie ist nicht in dem Kanton geschuldet, in dem man sonst Steuern zahlt. Vielmehr wird sie vom Kanton erhoben, in dem der Verstorbene seinen Wohnsitz hatte. Das geht häufig vergessen. Auch wird die Höhe der Erbschaftsteuer generell überschätzt. Von den gesamten Steuereinnahmen von Bund, Kantonen und Gemeinden macht sie nicht einmal ein Prozent aus.

Eine umstrittene Steuer

Wenn wohl über jede Steuer diskutiert werden kann, so ist doch die Erbschaftssteuer eine der umstrittensten. Für die Befürworter ist sie diejenige Steuer, die am wenigsten schmerzt, denn Erben haben – anders als bei der Einkommenssteuer – für das Geld ja nicht selbst gearbeitet. Die Gegner argumentieren, dass der Betrag ja bereits vom Erblasser als Einkommen und als Vermögen versteuert worden sei.

Die Diskussion wird vor allem unter dem Stichwort «Steuerwettbewerb» geführt; dahinter steht die Überlegung, dass ein Kanton, der die Erbschaftssteuer senkt oder gar ganz abschafft, vermögende Steuerzahler anziehen oder zum Bleiben veranlassen könne.

Auf den ersten Blick geht es bei der Erbschaftssteuer um eine ganz schöne Summe, pro Jahr werden nämlich gesamtschweizerisch schätzungsweise 30 Milliarden Franken vererbt. Davon fliesst allerdings nur ein sehr kleiner Teil an die Steuerbehörden, und die Erbschafts- und Schenkungssteuern machen nur einen geringen Anteil der öffentlichen Einnahmen aus; von 108 Milliarden Franken Steuereinnahmen von Bund, Kanton und Gemeinden (im Jahr 2006) stammten nur 841 Millionen aus dieser Quelle; das sind 0,8 Prozent. Allerdings könnte der Anteil in den nächsten Jahren eher ansteigen, denn jetzt werden die grossen Vermögen aus der Hochkonjunktur der Nachkriegszeit vererbt.

Tatsache ist weiter, dass die Erbschaftssteuer – ganz im Gegensatz zu vielen anderen Steuern – nur einen kleinen Teil der Bevölkerung betrifft. Im Kanton Zürich beispielsweise war, schon bevor 1999 die Erbschaftssteuer für die nächsten Verwandten abgeschafft wurde, nur gerade jede vierte Erbschaft überhaupt besteuert worden.

Dennoch wurden die Regelungen und Ansätze der Erbschaftssteuer in den letzten Jahren schweizweit gemildert. Heute besteuern die meisten Kantone Erbschaften unter Ehegatten nicht mehr oder gewähren einen Freibetrag, sodass erst bei grösseren Summen Steuern fällig werden. Ähnlich sind die Regelungen für die direkten

Nachkommen, also die Kinder. Die meisten Erbschaften gehen deshalb heute ohne Steuern über die Bühne. Der einzige Kanton jedoch, der gar keine Erbschaftssteuer kennt – also auch keine für Nichtverwandte –, ist Schwyz.

Ob das Ziel, vermögende Steuerzahlerinnen und Steuerzahler anzuziehen und dadurch die Steuern allgemein senken zu können, durch die Abschaffung oder Senkung der Erbschaftssteuer erreicht werden kann, ist allerdings umstritten. Der Kanton Schwyz lebt ohne Erbschaftssteuer zweifellos gut, der Kanton St. Gallen hingegen hat durch die Senkung drei Steuerprozente verloren, die er umgehend durch eine allgemeine Steuererhöhung wieder ausgleichen musste.

Steuerpflicht im Todesfall

Es ist eigentlich selbstverständlich, aber formal nicht ganz unbedeutend: Mit dem Tag, an dem jemand stirbt, endet seine Steuerpflicht. Für die Hinterbliebenen heisst dies, dass sie den Tod den Behörden melden und eine Steuererklärung für die verstorbene Person ausfüllen müssen. Die Steuerbehörden nehmen das sehr genau und überprüfen, ob die Auflistung der Vermögenswerte korrekt ist. Zu diesem Zweck erstellen sie ein sogenanntes Nachlass- oder Steuerinventar. Zuständig ist die Steuerbehörde des Kantons, in dem die verstorbene Person zuletzt gewohnt hat; die Steuern sind dort zu bezahlen, also nicht etwa im Wohnsitzkanton der Hinterbliebenen.

Die Steuererklärung erfasst das Einkommen der verstorbenen Person vom 1. Januar des betreffenden Jahres bis zum Todestag sowie das Vermögen an diesem Tag. Das Steueramt rechnet die Angaben auf ein Jahr um, um den Steuersatz zu bestimmen, und verlangt dann den für die Zeit bis zum Todestag geschuldeten Betrag. Hat die verstorbene Person bereits im Voraus Steuern bezahlt, wird ein Überschuss zurückerstattet.

Für Ehepaare wird es etwas aufwendiger: Die überlebende Seite muss nämlich in diesem Jahr zwei Steuererklärungen ausfüllen; die eine für die Zeit bis zum Todestag für das gemeinsame Einkommen und Vermögen, die zweite für die restliche Zeit bis Ende Jahr.

Eine weitere Steuer, die meist im gleichen Zusammenhang genannt wird, ist die **Schenkungssteuer.** Grössere Schenkungen zu Lebzeiten – ein Haus beispielsweise oder ein Auto – müssen nach ähnlichen Regeln wie Erbschaften versteuert werden. Auch hier ist der Kanton Schwyz sehr grosszügig, er kennt diese Steuer nicht. Dasselbe gilt für den Kanton Luzern, sofern die Schenkung mindestens fünf Jahre vor dem Todesfall rechtskräftig wurde.

Erbschafts- und Schenkungssteuern

Mit Ausnahme des Kantons Schwyz erheben alle Kantone eine Erbschaftssteuer (Erbanfall- oder Nachlasssteuer). Dem Bund ist dies per Bundesverfassung verboten.

Die Kantone Graubünden und Solothurn kennen zusätzlich eine sogenannte **Nachlasssteuer.** Der Unterschied: Die Erbschaftssteuer wird auf den einzelnen Erbanteilen berechnet, die Nachlasssteuer auf dem gesamten Nachlass der verstorbenen Person. In den Kantonen Freiburg, Graubünden, Luzern und Waadt sind auch die Gemeinden berechtigt, Erbschaftssteuern zu erheben.

Für die Erbschafts- und Nachlasssteuer ist derjenige Kanton zuständig, in dem die verstorbene Person zuletzt gelebt hat; dessen Regeln bestimmen den Tarif und die Höhe der Steuer. Wenn also jemand im Kanton Schwyz stirbt und seine Nachkommen im Kanton Bern leben, bezahlen diese keine Steuern; umgekehrt aber schon.

Wie hoch wird die Steuer?

Grundsätzlich ist die Erbschaftssteuer – wie auch die Schenkungssteuer – in den meisten Kantonen progressiv ausgestaltet; sie wird

Achtung Kuckucksei: Steuerhinterziehung

Wer eine Erbschaft antritt, muss nicht nur die Vermögenswerte, sondern auch allfällige Schulden übernehmen. Das heisst: Wenn die Behörden bei der Aufnahme des Steuerinventars feststellen, dass die verstorbene Person nicht alles korrekt deklariert, also Steuern hinterzogen hat, nimmt sie die Nachforderung in die Steuerrechnung an die Erben auf. Diesen bleibt nichts anderes übrig, als zu bezahlen. Offen bleibt der letzte Ausweg in ganz krassen Fällen: Wenn ein Erbe – aus welchem Grund auch immer – überschuldet ist, hat man immer die Möglichkeit, es auszuschlagen.

Hingegen brauchen die Erben nicht zu befürchten, dass sie auch Bussen für strafbare Tatbestände (Steuerbetrug) der verstorbenen Person bezahlen müssen.

also prozentual höher, je grösser der übertragene Wert ist. Zudem sind die Sätze für nähere Verwandte tiefer als für weiter entfernte oder nicht verwandte Personen; meist wird der Ansatz mit einem festen Faktor multipliziert, je weiter entfernt die Verwandtschaft ist. Die Tarife in den einzelnen Kantonen sind sehr unterschiedlich; sie reichen von 0 Prozent (steuerfrei) bis gegen 50 Prozent für nicht verwandte Personen und grössere Erbschaften.

Übrigens: Schulden, die auf einer Erbschaft lasten, können vom vererbten Vermögen abgezogen werden.

Schenkungen und Erbvorbezug

Schenkungssteuern sind mit den Erbschaftssteuern vergleichbar, denn in beiden Fällen geht Vermögen von einer Person an eine andere – meist verwandte oder sonst nahe stehende – Person über. Häufig ist auch der Erbvorbezug: Viele ältere Leute geben einen Teil ihres Vermögens bereits zu Lebzeiten an die Nachkommen weiter, da sie selbst finanziell gut gestellt sind, ihre Kinder aber erst am Anfang des Berufslebens und des Vermögensaufbaus stehen.

Erbschaftssteuern in den Kantonen

	Ehepartner	Nachkommen	Eltern	Konkubinatspartner
AG	nein	nein	ja	ja
AI	nein	ja	ja	ja
AR	nein	nein	nein	reduzierter Satz[1]
BE	nein	nein	ja	reduzierter Satz[2]
BL	nein	nein	ja	ja
BS	nein	nein	ja	reduzierter Satz[1]
FR	nein	nein	nein	reduzierter Satz[3]
GE	nein[4]	nein[4]	nein[4]	ja
GL	nein	nein	ja	reduzierter Satz[1]
GR	nein	nein	ja	nein
JU	nein	nein	ja	ja
LU	nein	nein[5]	ja	reduzierter Satz[1]
NE	nein	ja[6]	ja[6]	reduzierter Satz[1]
NW	nein	nein	ja	nein[1]
OW	nein	nein	nein	nein[1]
SG	nein	nein	ja	ja
SH	nein	nein	ja	ja
SO	nein	nein	ja	ja
SZ	nein	nein	nein	nein
TG	nein	nein	ja	ja
TI	nein	nein	nein	nein[1]
UR	nein	nein	nein	ja
VD	nein	ja[7]	ja	ja
VS	nein	nein	nein	ja
ZG	nein	nein	nein	nein
ZH	nein	nein	ja	ja

[1] Falls das Konkubinatspaar mindestens fünf Jahre zusammengelebt hat
[2] Falls das Konkubinatspaar mindestens 10 Jahre zusammengelebt hat
[3] Je nach Dauer des Zusammenlebens
[4] Nur, wenn der/die Verstorbene die letzten drei Jahre nicht nach Aufwand besteuert wurde
[5] Die Gemeinden können Erbschaftssteuern von Kindern erheben; Freibetrag Fr. 100 000.–.
[6] Freibetrag Fr. 50 000.–
[7] Degressiver Abzug

Quelle: Eidgenössische Steuerverwaltung; kantonale Steuerämter 2008

Aus diesen Gründen sind die Schenkungs- und Erbschaftssteuern in den meisten Kantonen gleich oder zumindest ähnlich ausgestaltet, was die Höhe, also den Tarif, und die Anwendung betrifft. Auch Schenkungen unter Eheleuten und gegenüber direkten Nachkommen sind also in vielen Kantonen steuerfrei.

Aufgepasst bei Erbvorbezug! Die Schenkungssteuern sind nicht das Einzige, was bei einem Erbvorbezug zu beachten ist. Erbvorbezüge werden bei der Erbteilung zum Nachlass hinzugerechnet, ausser der Erblasser hätte schriftlich etwas anderes verfügt. Das heisst, sie müssen mit den anderen Nachkommen geteilt werden.

Hugo S. ist Witwer und hat einen Sohn und zwei Töchter. Mit 65 beschliesst er, sich aus seinem Gewerbebetrieb zurückzuziehen, und übergibt diesen an den Sohn René. Um dem Nachfolger den Start zu erleichtern, verkauft er ihm die Geschäftsliegenschaft zu einem sehr günstigen Preis, nämlich zur Hälfte des Marktwerts von 800 000 Franken. Den Rest des Werts deklariert er als Erbvorbezug. Ein halbes Jahr später stirbt Hugo S.

Bei der Erbteilung wird festgestellt, dass der Vater ausser dem Hausrat und seinen persönlichen Gegenständen über keine weiteren nennenswerten Vermögenswerte verfügt; sein Erbe beträgt also etwas mehr als die durch den Liegenschaftenverkauf eingenommenen 400 000 Franken.

Die drei Kinder sind gemäss Erbrecht zu gleichen Teilen erbberechtigt; da René aber kurz vor dem Tod des Vaters durch den günstigen Kauf gewissermassen ein Geschenk – oder eben einen Erbvorbezug – von 400 000 Franken bekommen hat, würde er gegenüber seinen beiden Schwestern deutlich bevorteilt. Diese können je ihren Drittelsanteil von den gesamten 800 000 Franken einfordern. Wenn sich die drei Nachkommen nicht einigen können, muss der Bruder seine Schwestern auszahlen, was im schlimmsten Fall bedeutet, dass er den Betrieb oder die Liegenschaft verkaufen muss.

Um solche Fälle zu vermeiden, sollte man schon zu Lebzeiten der Eltern die nötigen Regelungen treffen, die auch die anfallenden Erbschafts- und Schenkungssteuern berücksichtigen.

✳ Einen Sonderfall stellen die Liegenschaften dar: Erbschafts- und Schenkungssteuern werden dort erhoben und berechnet, wo die Liegenschaft ist, also weder am Wohnort der verstorbenen Person noch etwa der Erbinnen und Erben.

Steuern sparen auf Erbschaften

Steuern sparen auf Erbschaften ist nur sehr beschränkt möglich – aus verschiedenen Gründen. Vor allem lässt sich der Zeitpunkt nicht planen, die Höhe des Vermögens lässt sich nur wenig beeinflussen und zudem weichen viele Menschen aus emotionalen Gründen Überlegungen im Zusammenhang mit Erbschaften lieber aus.

Was nichts bringt, ist der Versuch, die Progression zu umgehen, indem man in den letzten Jahren seines Lebens das Vermögen zeitlich gestaffelt weitergibt. Denn frühere Schenkungen werden in den meisten Kantonen zum Erbe hinzugerechnet, und die Steuer muss auf dem ganzen Betrag bezahlt werden.

Die wirksamste Sparmöglichkeit wäre wie bei der Optimierung der übrigen persönlichen Steuern der Umzug – derjenigen Person, die etwas zu vererben hat – in einen anderen Kanton, vorzugsweise in den erbschaftssteuerfreien Kanton Schwyz. Das allerdings ist aus praktischen Gründen für die Wenigsten eine echte Möglichkeit.

Rechtzeitig weitergeben

Realistisch und in vielen Fällen sicher auch sinnvoll ist es hingegen, einen Teil des Vermögens bereits zu Lebzeiten und – unter Berück-

Erbschaftssteuer für ein Erbe von 500 000 Franken

Wohnsitz Erblasser	Ehe- gatte	Kinder	Eltern	Konku- binats- partner[1]	Nicht- ver- wandte
AG	–	–	32 900	32 900	109 200
AI	–	4 000	19 200	99 000	99 000
AR	–	–	–	58 800	158 400
BE	–	–	43 800	43 800	116 800
BL	–	–	50 730	130 320	202 910
BS	–	–	34 860	52 290	156 870
FR	–	–	–	69 420	185 130
GE	–	–	–	268 300	268 300
GL	–	–	25 880	45 080	112 700
GR[2]	–	–	59 400	48 500	149 800
JU	–	–	35 000	70 000	175 000
LU	–	9 500[3]	57 000	56 770	190 000
NE	–	13 500	13 500	100 000	225 000
NW	–	–	14 400	–	72 000
OW	–	–	–	–	100 000
SG	–	–	47 500	147 000	147 000
SH	–	–	33 500	176 500	176 500
SO[2]	4 000	4 000	29 000	154 000	154 000
SZ	–	–	–	–	–
TG	–	–	32 640	140 000	140 000
TI	–	–	–	179 750	179 750
UR	–	–	–	150 000	150 000
VD	–	28 580	62 890	250 000	250 000
VS	–	–	–	125 000	125 000
ZG	–	–	–	–	70 900
ZH	–	–	12 000	122 400	140 400

Steuerbelastung 2008 (Kanton und ev. Gemeinde) für unterschiedliche Verwandtschafts-verhältnisse des Empfängers

Auf 10 Franken gerundet

[1] Konkubinatspartner müssen in der Regel mindestens fünf Jahre zusammengelebt haben, um den günstigeren Steuersatz zu erhalten (siehe Tabelle Seite 208).

[2] Inklusive Nachlasstaxe, proportionaler Anteil am Gesamterbe

[3] Je nach Gemeinde

Quelle: TaxWare by Five Informatik

sichtigung der kantonalen Zusammenrechnungsfristen – früh genug an die künftigen Erben weiterzugeben. Voraussetzung ist natürlich, dass die Schenkenden finanziell so gut gestellt sind, dass sie es sich leisten können, auf einen Teil ihres Vermögens zu verzichten.

Für die Mehrzahl der Schweizerinnen und Schweizer ist dies allerdings eine undenkbare Vorstellung. So hat eine Umfrage des Wirtschaftsmagazins Bilanz und des VZ Vermögenszentrum vor einigen Jahren ergeben, dass weniger als ein Fünftel von ihnen bereit wären, einen substanziellen Teil des Vermögens (mehr als 25 Prozent) bereits zu Lebzeiten weiterzugeben; über ein Drittel wollten gar keinen Franken vorzeitig aus der Hand geben.

Konkret gibt es verschiedene Möglichkeiten, mit frühzeitigem Verschenken Steuern zu sparen. Entscheidend ist hier in jedem Fall die Gesamtrechnung; alle Beteiligten – etwa Eltern und Nachkommen – müssen gemeinsam eine Finanz- und Steuerplanung über längere Zeit und unter Berücksichtigung der verschiedenen denkbaren Varianten erstellen oder erstellen lassen. Und natürlich ist die Einsicht nötig, dass es sich lohnt, über zehn oder sogar mehr Jahre hinaus zu denken:

— **Progression umgehen:** Ganz allgemein gilt, dass die gesamte Steuerbelastung wegen der tieferen Progression sinkt, wenn ein grosses Vermögen durch frühzeitiges Weitergeben auf zwei kleinere aufgeteilt wird.

— **Wertzuwachs ist steuerfrei:** Wenn Vermögensbestandteile, die an Wert gewinnen, früher weitergegeben werden, spart man Steuern. Beispiel: Ein kinderloses Ehepaar zieht nach der Pensionierung in eine kleinere Wohnung und gibt das Einfamilienhaus an den Neffen weiter. In den nächsten zehn Jahren gewinnt die Liegenschaft 20 Prozent an Wert. Würde der Neffe das Haus erst in diesem Zeitpunkt geschenkt erhalten, müsste er für den Wertzuwachs wegen der Progression über zwanzig Prozent mehr Steuern zahlen. Dasselbe gilt für alle anderen Vermögenswerte, die an Wert gewinnen – vom Aktienpaket über Grundstücke bis zu Sammlungen. Ausserdem zahlt das Ehepaar durch die frühzeitige Weitergabe weniger Vermögenssteuern.

— **Renditeobjekte an steuergünstigen Standorten kaufen:**
Wer beispielsweise ein Haus kauft, das er nicht selbst bewohnt, sollte dies in einem Kanton mit tiefen Erbschaftssteuern tun. Denn Liegenschaften werden in ihrem Standortkanton besteuert, und das kann für die Erben einen grossen Unterschied bedeuten. Besonders interessant ist dies für vermögende Konkubinatspaare, die sich gegenseitig als Erben eingesetzt haben: Ist ihr Geld statt auf dem Bankkonto in einer Liegenschaft im Kanton Schwyz angelegt, haben sie Gewähr, dass beim Tod des einen Partners der andere das ganze Erbe steuerfrei bekommt. Dies gilt natürlich nur, wenn dadurch keine Pflichtteile – beispielsweise von Nachkommen aus einer früheren Ehe – verletzt werden.

— **Liegenschaft gegen Darlehen kann sich günstig auswirken:**
Wird eine Liegenschaft vererbt oder vorzeitig verschenkt, ist die Steuer in jedem Fall am Ort dieser Liegenschaft fällig. Wenn die Liegenschaft aber zu Lebzeiten weitergegeben werden soll, besteht auch die Möglichkeit, anstelle der Liegenschaft selbst ein Darlehen zu ihrem Kauf zu schenken. Das Darlehen muss anders als die Liegenschaft am Wohnsitz des Empfängers versteuert werden; das kann je nach Steuersituation günstiger sein.

— **Wohnrecht vermindert den Wert:** Lukrativ kann die Überlassung einer Liegenschaft gegen ein Wohnrecht sein. Dabei geht es nicht in erster Linie um Eltern, die ihre Liegenschaft den Kindern überlassen, da ja nur noch fünf Kantone Erbschaften von direkten Nachkommen besteuern. Interessant ist dieses Sparmodell für nicht verwandte Personen: Ein Mann schenkt seiner jüngeren Partnerin eine Liegenschaft und umgekehrt gewährt die Partnerin ihm das lebenslange Wohnrecht. Dann wird berechnet, wie lange gemäss statistischer Lebenserwartung der Mann noch in diesem Haus leben wird, und daraus der Wert des Wohnrechts kalkuliert. Je jünger die schenkende Person, desto höher dieser Wert und desto grösser die Steuerersparnis.

Lebensversicherungen sind steuerbegünstigt

Der Abschluss einer Lebensversicherung – die paradoxerweise auch als Todesfall-Risikoversicherung bezeichnet wird – kann zwei Komponenten haben. Reine Risikoversicherungen decken das Todesfallrisiko der versicherten Person ab und zahlen bei ihrem Ableben während der Vertragsdauer eine Rente oder ein Todesfallkapital beispielsweise an die überlebende Ehefrau oder den Lebenspartner. Gemischte Lebensversicherungen enthalten zum Risikoschutz noch einen Sparteil: Mit einem zusätzlichen Prämienanteil wird ein Erlebensfallkapital angespart, das die versicherte Person ausbezahlt bekommt, wenn sie das Ende der Laufzeit des Versicherungsvertrags erlebt.

Mehr zu den verschiedenen Arten von Lebensversicherungen erfahren Sie in Kapitel 9 (Seite 196); an dieser Stelle geht es um die Frage, wie Auszahlungen aus Lebensversicherungen an Hinterbliebene besteuert werden:

— Renten aus reinen Risikoversicherungen sind erbschaftssteuerfrei, da sie keinen eigentlichen Vermögenswert darstellen (hingegen müssen sie natürlich bei der Einkommenssteuer angegeben werden).

— Kapitalleistungen aus Todesfallrisiko- und gemischten Lebensversicherungen, die im Rahmen der Säule 3a abgeschlossen wurden, werden bei der Auszahlung zu einem reduzierten Satz als Einkommen besteuert (siehe Seite 288). Der Erbschaftssteuer unterliegen diese Versicherungszahlungen nicht. Deshalb eignen sich 3a-Lebensversicherungen für die Absicherung beispielsweise einer Konkubinatspartnerin: Würde sie einen gleich hohen Betrag von ihrem Partner erben, müsste sie dafür als nicht verwandte Person in vielen Kantonen hohe Erbschaftssteuern bezahlen. Mit der Besteuerung als 3a-Kapitalleistung kommt sie besser weg.

— Bei Kapitalleistungen aus gemischten Lebens- bzw. Todesfall-Risikoversicherungen, die im Rahmen der Säule 3b (also der freien Vorsorge) abgeschlossen wurden, wird zwischen dem Risiko- und dem Sparteil unterschieden: Der Risikoteil wird zum gleichen Satz wie bei der Säule 3a besteuert, der Sparteil unterliegt der normalen Erbschaftssteuer.

Das Erbrecht umgehen?

Das Erbrecht ist eine Art Schlechtwettergesetz. Das heisst, es enthält Regelungen, die in Streitfällen gerichtlich durchgesetzt werden können, und es regelt vor allem diejenigen Fälle, für die keine anderslautenden Vereinbarungen bestehen. Gesetzliche Erb- und Pflichtteile lassen sich aber völlig problemlos und legal umgehen, wenn alle Beteiligten einverstanden sind. So können Sie zusammen mit Ihren Eltern, Nachkommen und Geschwistern Schenkungen, Begünstigungen und andere Ungleichbehandlungen in Ehe- oder Erbverträgen oder mittels Erbverzichtserklärungen vereinbaren, die den Regeln des Erbrechts völlig zuwiderlaufen.

Für die steuerlichen Vorschriften jedoch gilt dies selbstverständlich nicht. Wenn also ein vermögendes Ehepaar beschliesst, nach seinem Tod das ganze Hab und Gut der mittellosen Tochter zukommen und den ebenfalls vermögenden Sohn leer ausgehen zu lassen, kann dies unter den Beteiligten problemlos geregelt werden, auch wenn der vorgeschriebene Pflichtteil des Sohnes damit verletzt wird. Die Erbschaftssteuer auf der ausbezahlten Summe aber wird genau gleich fällig, wie wenn das Vermögen auf beide Erben aufgeteilt würde.

💡 Der Beobachter-Ratgeber «Testament, Erbschaft. Wie Sie klare Verhältnisse schaffen» zeigt mit vielen Beispielen und konkreten Tipps, wie Sie Ihren Nachlass fair regeln und späteren Erbenstreit verhindern können (www.beobachter.ch/buchshop).

Anhang

- Glossar
- Sozialabzüge und Besteuerung von Kapitalauszahlungen
- Nützliche Adressen und Links
- So lesen Sie die Steuerrechnung
- Grafiken und Tabellen
- Stichwortverzeichnis

Glossar

Im Folgenden finden Sie Erklärungen zu den wichtigsten Begriffen, mit denen Sie sowohl in diesem Ratgeber als auch beim Ausfüllen der Steuererklärung immer wieder konfrontiert werden. Die Pfeile → verweisen auf weitere Fachausdrücke in diesem Glossar.

Bemessungsperiode: Zeitraum, in dem das Vermögen betrachtet wird, auf dem Sie die Steuern zahlen müssen, meist das Kalenderjahr. Bei der Gegenwartsbesteuerung sind die Bemessungsperiode und die → Steuerperiode identisch.

Direkte Steuer: Steuer, die direkt aufgrund des Einkommens und des Vermögens (bei → natürlichen Personen) oder aufgrund des Gewinns und Kapitals (bei → juristischen Personen) bezahlt werden muss.

Direkte Bundessteuer: Direkte Steuer, die der Bund erhebt. Die Veranlagung erfolgt durch die Kantone, die Steuerzahlerinnen und Steuerzahler haben mit dem Bund direkt keinen Kontakt.

Doppelbelastung, wirtschaftliche: Unternehmer werden steuerlich doppelt belastet, wenn sie zuerst den Gewinn des Unternehmens und als Inhaber zusätzlich auch noch die ausgeschüttete Dividende versteuern müssen.

Doppelbesteuerung: Ein Einkommen oder Vermögen wird zweimal besteuert, beispielsweise in zwei Ländern, wenn eine Person in beiden Ländern wohnt und/oder arbeitet.

Doppelbesteuerungsabkommen: Vereinbarung zwischen zwei Staaten, mit der die → Doppelbesteuerung verhindert werden soll. Die Schweiz hat mit über 50 Staaten solche Abkommen abgeschlossen, darunter sind alle EU-Staaten und die USA.

Eigenmietwert: Festgelegter Wert als Ersatz für den Mietzins, den ein Wohneigentümer nicht bezahlen muss. Dieser Wert wird als Naturaleinkommen besteuert.

Einfache Staatssteuer: Steuerbares Einkommen oder Vermögen multipliziert mit dem → Steuersatz. Wird die einfache Staatssteuer mit dem → Steuerfuss für die Staats-, Gemeinde- und Kirchensteuer multipliziert, resultiert daraus der tatsächlich zu bezahlende Steuerbetrag.

Einkommenssteuer: Steuer, die auf dem Einkommen der → natürlichen Personen erhoben wird. Zum Einkommen gehören hauptsächlich der Arbeitslohn und das Einkommen aus selbständiger Tätigkeit, aber auch Einkünfte aus Renten sowie die → Vermögenserträge wie Mietzinsen, Bankzinsen oder Dividenden.

Einschätzung: Festsetzung der Steuerfaktoren, also des steuerbaren Einkommens und Vermögens von → natürlichen Personen bzw. des steuerbaren Gewinns und Kapitals bei → juristischen Personen. Vereinfacht ausgedrückt: Wenn der Steuerbeamte die Steuererklärung prüft und genehmigt, nimmt er die Einschätzung vor. Wird auch als Veranlagung bezeichnet.

Einsprache: Gesuch an das Steueramt, die Einschätzung zu überprüfen. Wer eine Einsprache erhebt, muss begründen, was seiner Ansicht nach falsch ist und korrigiert werden soll. Zum Schluss fällt das Steueramt einen Einspracheentscheid.

Erbschaftssteuer: Steuer auf Vermögenswerten einer verstorbenen Person. Sie wird bei den Erbinnen und Erben erhoben.

Ermessenseinschätzung: Reicht eine steuerpflichtige Person trotz Mahnung keine Steuererklärung ein, schätzt die Steuerbehörde deren Einkommen und Vermögen so zuverlässig wie möglich, aber schlussendlich nach Ermessen ein.

Ertragswert: Wert einer Liegenschaft oder einer Unternehmung, berechnet aufgrund des Ertrags, den sie abwerfen (siehe auch → Verkehrswert)

Gegenwartsbesteuerung: → Bemessungsperiode und → Steuerperiode sind identisch. Das heisst, man bezahlt für das Jahr 2008 die Steuern aufgrund des Einkommens und Vermögens, das man im selben Jahr ausweist. Seit dem ersten Januar 2003 wird dieses System in allen Kantonen und beim Bund angewendet.

Gemeindesteuer: Direkte Steuer auf Einkommen und Vermögen bei → natürlichen Personen oder auf Gewinn und Kapital bei → juristischen Personen. Sie wird zusammen mit der → Staatssteuer festgelegt und erhoben.

Gesamtsteuersatz: Durchschnittlicher Steuersatz für das gesamte Einkommen im Unterschied zum → Grenzsteuersatz.

Gewinnsteuer: Steuer auf dem Gewinn von Unternehmen, also → juristischen Personen.

Grenzsteuersatz: Satz, zu dem ein Betrag besteuert wird, der auf das steuerbare Einkommen noch oben drauf kommt; im Unterschied zum → Gesamtsteuersatz.

Grundstückgewinnsteuer: Steuer, die erhoben wird, wenn jemand durch den Verkauf von Grundstücken einen Gewinn erzielt.

Handänderungssteuer: Steuer, die beim Verkauf eines Grundstücks erhoben wird. Sie ist abhängig vom Preis des Grundstücks.

Indirekte Steuern: Steuern, die im Preis einer Ware oder Dienstleistung enthalten sind, zum Beispiel die → Mehrwertsteuer.

Juristische Personen: Firmen, Unternehmen; Gegensatz: → natürliche Personen.

Kapitalgewinnsteuer: Besteuert die Wertsteigerung eines Vermögensobjekts, etwa einer Aktie oder eines Hauses. In der Schweiz wird der Kapitalgewinn von Privatpersonen nur in Ausnahmefällen besteuert.

Kapitalsteuer: Steuer auf dem Eigenkapital eines Unternehmens, analog zur Vermögenssteuer bei → natürlichen Personen. Die Kapitalsteuer wird nur von den Kantonen, Gemeinden und Kirchgemeinden nicht aber vom Bund erhoben.

Kirchensteuer: Steuer, die von den Kirchgemeinden bei ihren Mitgliedern sowie in vielen Kantonen bei Unternehmen erhoben wird.

Mehrwertsteuer: Steuer, die Unternehmen auf ihrem Umsatz oder Dienstleistungsertrag bezahlen müssen. Sie wird nur vom Bund erhoben.

Natürliche Personen: Menschen; im Gegensatz zu → juristischen Personen.

Nutzniessung: Recht, eine Sache zu nutzen, die jemand anderem gehört, beispielsweise ein Haus. Die Nutzniesserin bzw. der Nutzniesser muss Erträge aus dieser Sache – etwa Mietzinseinnahmen – als Einkommen, den Verkehrswert als Vermögen versteuern.

Progression: Anstieg der Steuerbelastung abhängig vom Einkommen. Beispiel: Wird ein Einkommen von 50 000 Franken zu 10 Prozent, ein solches von 100 000 Franken aber zu 16 Prozent besteuert, spricht man von einem progressiven Steuertarif.

Quellensteuer: Steuer, die nicht vom Steuerpflichtigen bezahlt, sondern direkt an der Quelle abgezogen wird. Ausländischen Personen, die in der Schweiz keinen Wohnsitz haben und deshalb auch keine Steuererklärung einreichen müssen, wird vom Arbeitgeber direkt ein Teil des Lohns abgezogen und als Quellensteuer abgeliefert. Auch die → Verrechnungssteuer ist eine Quellensteuer.

Rechtsmittel: Die verschiedenen Möglichkeiten, sich gegen einen Entscheid der Steuerbehörden zur Wehr zu setzen. Dazu gehören: die → Einsprache, der → Rekurs sowie die Beschwerde beim Verwaltungsgericht gegen den Entscheid der Rekurskommission und schliesslich die Beschwerde beim Bundesgericht.

Reineinkommen: Steuerbare Einkünfte vermindert um die Gewinnungskostenabzüge und die allgemeinen Abzüge.

Reinvermögen: Steuerbare Vermögenswerte minus die Schulden; auch steuerbares Vermögen genannt.

Rekurs: Ist jemand mit dem Einspracheentscheid (→ Einsprache) des Steueramts nicht einverstanden, kann er bei einer kantonalen Instanz, der Steuerrekurskommission oder meist dem Verwaltungsgericht, Rekurs einlegen.

Rückkaufswert: Betrag, den eine Versicherungsgesellschaft auszahlt, wenn jemand einen Versicherungsvertrag vorzeitig auflöst. Der Rückkaufswert einer Versicherung gilt als Teil des Vermögens und muss versteuert werden.

Schenkungssteuer: Sie wird erhoben, wenn jemand einer anderen Person Vermögenswerte schenkt, also ohne Gegenleistung übergibt.

Sozialabzüge: Steuerabzüge, die weder nach dem Einkommen noch nach dem Vermögen berechnet werden und für alle Personen gleich sind. Voraussetzungen sind bestimmte persönliche oder familiäre Verhältnisse. Beispiele: Kinderabzug, persönlicher Abzug, Abzug für AHV-Rentnerinnen und -Rentner. Sozialabzüge werden auch als Steuerfreibeträge bezeichnet.

Staatssteuer: Einkommens- und Vermögenssteuer (bei → natürlichen Personen) sowie Gewinn- und Kapitalsteuer (bei → juristischen Personen), die der Kanton erhebt und kassiert.

Stempelabgaben: Steuer auf Geschäften wie Kauf und Verkauf von Aktien oder Versicherungspolicen.

Steuerausscheidung: Eine Steuerausscheidung wird durchgeführt, wenn eine Person in zwei oder mehr Gemeinden, Kantonen oder Ländern steuerpflichtig ist. Damit teilen die Kantone (oder Länder) die Steuern unter sich auf.

Steuerbares Einkommen: Einkommen, auf dem die zu bezahlenden Steuern berechnet werden.

Steuerbetrug: Steuerbetrug begeht, wer zum Zweck der → Steuerhinterziehung gefälschte oder falsche Urkunden und Belege wie Lohnausweise oder Geschäftsbilanzen einreicht. Wird von den Strafverfolgungsbehörden geahndet (siehe auch → Steuerumgehung, → Steueroptimierung).

Steuerfreibeträge: → Sozialabzüge

Steuerfuss: Prozentsatz der → einfachen Staatssteuer, zu dem die effektiv zu zahlenden Steuern des Kantons sowie der Gemeinde und allenfalls der Kirche berechnet werden. Beispiel: Die Staatssteuer beträgt 108 Prozent der einfachen Staatssteuer, die Gemeindesteuer 118 Prozent, die Kirchensteuer 13 Prozent. Daraus errechnet sich ein Gesamtsteuerfuss von 239 Prozent; die zu bezahlende Steuer beträgt 239 Prozent der einfachen Staatssteuer für das steuerbare Einkommen. Die Steuerfüsse werden von den Kantonen, Bezirken, Gemeinden und Kirchgemeinden festgelegt und je nach wirtschaftlicher und politischer Situation angepasst.

Steuerharmonisierung: Angleichung der Steuern von Bund, Kantonen und Gemeinden. Das gültige Steuerharmonisierungsgesetz trat Anfang der Neunzigerjahre in Kraft und verpflichtete die Kantone, ihre Steuergesetze bis zum 1. Januar 2001 den vorgegebenen einheitlichen Grundsätzen anzupassen. Dies wird als formelle Steuerharmonisierung bezeichnet, da nur die Steuerordnungen, also die allgemeinen Regeln, vereinheitlicht wurden. Eine materielle Steuerharmonisierung, bei der auch die Steuertarife, Steuersätze und Steuerfreibeträge vereinheitlicht würden, hat in der Schweiz nicht stattgefunden.

Steuerhinterziehung: Steuerhinterziehung begeht, wer falsche, unvollständige oder gar keine Angaben über Einkommen und Vermögen macht. Strafbar, wird von den Steuerbehörden mit Nach- und Strafsteuern geahndet (siehe auch

→ Steuerbetrug, → Steuerumgehung, → Steueroptimierung).

Steuerhoheit: Recht eines Gemeinwesens (Bund, Kanton, Gemeinde, Kirche), Steuern zu erheben und ihre Höhe zu bestimmen.

Steueroptimierung: Ausnutzen der gesetzlichen Möglichkeiten, um die Steuerbelastung zu senken; legal.

Steuerperiode: Zeitraum, für den man die Steuer zahlt, in der Regel ein Kalenderjahr (siehe auch → Bemessungsperiode).

Steuersatz: Prozentsatz, abhängig von der Höhe von Einkommen und Vermögen, mit dem die Steuern berechnet werden. Aufgrund des steuerbaren Einkommens oder Vermögens kann der Steuersatz aus dem → Steuertarif abgelesen werden.

Steuertarif: Tabelle, die zeigt, zu welchem → Steuersatz ein bestimmtes Einkommen oder Vermögen besteuert wird. Meist gibt es zwei Steuertarife, einen für verheiratete und einen für die übrigen Steuerpflichtigen.

Steuerumgehung: Ausnützen von an sich legalen Möglichkeiten, die grundsätzlich nicht für diese Situation geschaffen wurden und nur aus steuerlichen Gründen angewandt werden. Illegal, wird von den Steuerbehörden geahndet.

Veranlagung: → Einschätzung

Verkehrswert: Preis, den man für einen Gegenstand bekäme, wenn man ihn verkaufen würde; auch Marktpreis genannt (siehe auch → Ertragswert).

Vermögensertrag: Ertrag, den man als Entgelt dafür bekommt, dass man jemandem Sachen oder Kapital zur Nutzung überlässt. Beispiele: Mietzinseinnahmen, Zinsen von Sparkonten und Obligationen. Vermögenserträge gelten als Einkommen und müssen versteuert werden.

Vermögenssteuer: Steuer, die auf dem Vermögen → natürlicher Personen erhoben wird. Der Bund erhebt keine Vermögenssteuer.

Verrechnungssteuer: → Quellensteuer auf dem Ertrag von Kapitalvermögen, Lotteriegewinnen und Versicherungsleistungen; kann mit der ausgefüllten Steuererklärung zurückgefordert werden.

Wohnrecht: Recht, ein Haus oder eine Wohnung einer anderen Person zu bewohnen. Die wohnberechtigte Person muss den Eigenmietwert als Einkommen und den Vermögenswert als Vermögen versteuern (siehe auch → Nutzniessung).

Sozialabzüge und Besteuerung von Kapitalauszahlungen

Es ist nicht möglich, in diesem Ratgeber alle Details aufzuführen. Deshalb ist es wichtig, dass Sie die für Ihre persönliche Situation geltenden Tarife, Ansätze und Vorschriften in Ihren Unterlagen nachschlagen oder beim Steueramt erfragen.

Persönliche Abzüge (in Franken)

	Allein-stehend	Alleinstehend mit Kindern im selben Haushalt	Verheiratet	Bemerkungen
Bund	–	–	2500	Verheiratetentarif für in ungetrennter Ehe lebende Personen und Einelternfamilien
AG	–	–	–	Vollsplitting für in ungetrennter Ehe lebende Personen und Einelternfamilien
AI	–	Einelternabzug 15% vom Reinein-kommen, mind. 4000, max. 6000	–	Vollsplitting für gemeinsam steuer-pflichtige Ehegatten
AR	–	–	–	Verheiratetentarif für in ungetrennter Ehe lebende Personen und Einelternfamilien
BE	4900	6100	9800	Zusätzlich Verheirate-tentarif für Verheiratete und Einelternfamilien
BL	–	–	–	Vollsplitting für Ver-heiratete und Allein-stehende mit Kindern
BS	18 000	28 000	35 000	Seit Steuerperiode 2008: Doppeltarif mit nur zwei Einkommens-stufen sowie massiv höhere Sozial- und All-gemeinabzüge; somit keine Besteuerung des existenznotwendigen Einkommens

Persönliche Abzüge

	Alleinstehend	Alleinstehend mit Kindern im selben Haushalt	Verheiratet	Bemerkungen
FR	–	–	–	Splittingverfahren 56% für in ungetrennter Ehe lebende Personen und Einelternfamilien
GE	Steuerrabatt je nach persönlicher Situation	Steuerrabatt je nach persönlicher Situation	Steuerrabatt je nach persönlicher Situation	
GL	–	–	–	Verheiratetentarif für in ungetrennter Ehe lebende Personen und Einelternfamilien
GR	–	2800	2800	Teilsplitting
JU	2400	2400	2400	Zusätzlich Verheiratetentarif für Verheiratete und Einelternfamilien
LU	–	–	–	Verheiratetentarif für in ungetrennter Ehe lebende Personen und Einelternfamilien
NE	2000 degressiv ab 26 000 Einkommen	3600 degressiv ab 48 000 Einkommen; zusätzlich 5900	3600 degressiv ab 48 000 Einkommen	Zusätzlich Teilsplitting 55% für in ungetrennter Ehe lebende Personen und Einelternfamilien
NW	–	–	–	Statt eines Abzugs ein im Tarif eingebauter Freibetrag von 10 000
OW	10 000	10 000 + Abzug 20% vom Reineinkommen, min. 4300, max. 10 000	10 000 + Abzug 20% vom Reineinkommen, min. 4300, max. 10 000	
SG	–	–	–	Vollsplitting für gemeinsam steuerpflichtige Ehegatten
SH	–	–	–	Teilsplitting (Divisor 1,9) für in ungetrennter Ehe lebende Personen und Einelternfamilien
SO	–	–	–	Teilsplitting für in ungetrennter Ehe lebende Personen und Einelternfamilien

Persönliche Abzüge

	Allein-stehend	Alleinstehend mit Kindern im selben Haushalt	Verheiratet	Bemerkungen
SZ	3000	3000	6000	Zusätzliches Splitting für Verheiratete und Alleinerziehende (Divisor 1,9)
TG	–	–	–	Teilsplitting
TI	–	–	–	Verheiratetentarif für Verheiratete und Eineltemfamilien
UR	2000	7000	7000	Zusätzlich Verheiratetentarif für Verheiratete und Eineltemfamilien
VD	–	–	–	Das Einkommen wird satzbestimmend durch die Summe der Konsumeinheitenquotienten dividiert. Diese betragen: – 1,0 für Ledige, Verwitwete, Geschiedene, getrennt Lebende – 1,8 für Verheiratete in ungetrennter Ehe und Personen mit minderjährigen, studierenden oder eine Lehre absolvierenden Kindern im eigenen Haushalt – 0,5 je minderjähriges, studierendes oder eine Lehre absolvierendes Kind, für das der Steuerpflichtige aufkommen muss.
VS	–	Abzug 35%, mind. 640, max. 4560	Abzug 35%, mind. 640, max. 4560	
ZG	6700	13 400	13 400	Zusätzlich Verheiratetentarif (= Vollsplitting) für Verheiratete und Eineltemfamilien
ZH	–	–	–	Abzüge im Tarif integriert; Verheiratetentarif für Verheiratete und Eineltemfamilien

Quelle: Angaben der Steuerämter, TaxWare by Five Informatik

Kinderabzüge (in Franken)

	Abzug je Kind	Bemerkungen
Bund	6100	Für jedes minderjährige oder in Ausbildung stehende Kind
AG	Abgestufter Abzug	6400 für jedes Kind unter elterlicher Sorge bis zum vollendeten 14. Altersjahr; 8000 für jedes Kind unter elterlicher Sorge bis zum vollendeten 18. Altersjahr; 9500 für jedes volljährige Kind in Ausbildung, für dessen Unterhalt der Steuerpflichtige zur Hauptsache aufkommt
AI	5000	Für das erste und zweite Kind; 6000 für jedes weitere Kind; Erhöhung um 5000 pro Kind in schulischer oder beruflicher Ausbildung bei auswärtigem Aufenthalt oder wenn die Ausbildungskosten selber bezahlt werden. Stipendien sind von den Ausbildungskosten abzuziehen.
AR	Abgestufter Abzug	5000 für nicht schulpflichtige Kinder; 6000 für jedes in Ausbildung stehende Kind, höchstens weitere 12 000 für Ausbildungskosten, soweit sie der Steuerpflichtige selbst trägt und sie 2000 übersteigen. Der Abzug wird um erhaltene Stipendien gekürzt, beträgt jedoch mindestens 6000.
BE	4400	Zusätzlich bis 4400 je Kind bei auswärtiger Ausbildung oder für nachgewiesene zusätzliche Ausbildungskosten, weitere 1200 je Kind für Einelternfamilien in häuslicher Gemeinschaft
BL	750	Vom Einkommenssteuerbetrag für jedes minderjährige oder in beruflicher Ausbildung stehende Kind in häuslicher Gemeinschaft
BS	6800	Je minderjähriges oder in Ausbildung stehendes Kind in häuslicher Gemeinschaft, für das der Steuerpflichtige zur Hauptsache aufkommt
FR	7000	Für jedes minderjährige oder in Lehre oder Studium stehende Kind; Erhöhung ab dem dritten Kind um 1000 (degressiv nach Einkommen)
GE	3377 bzw. 6754	Je nach Ausbildungs-, Einkommens- und Vermögenssituation der Kinder oder Jugendlichen

Kinderabzüge

	Abzug je Kind	Bemerkungen
GL	6000	Für jedes minderjährige oder in Ausbildung stehende Kind
GR	5000	Für Kinder im Vorschulalter; ältere und in Ausbildung stehende Kinder 8000; bei auswärtigem Aufenthalt 14 000
JU	4600	Für die beiden ersten Kinder; für jedes weitere Kind 5200; zusätzlicher Abzug bis 5700 je Kind, das auswärts ausgebildet wird
LU	Abgestufter Abzug	6400, wenn das Kind das 6. Altersjahr noch nicht vollendet hat; 6900, wenn das Kind das 6. Altersjahr vollendet hat; 12 000, wenn das Kind in schulischer oder beruflicher Ausbildung steht und sich dafür ständig am auswärtigen Ausbildungsort aufhalten muss
NE	Abgestufter Abzug	5500 für das erste Kind, 6000 für das zweite Kind, 6500 für das dritte Kind und folgende; für Einelternfamilien zusätzlich 1800 pro Kind
NW	5000	Erhöhung um je 1500 bei ausserkantonaler Ausbildung oder um 7000 (5000 beim ersten Kind) bei ständigem auswärtigem Ausbildungsaufenthalt
OW	4000	Erhöhung bei Studium um 1600 bzw. 7300, wenn das Kind auswärts wohnen muss
SG	Abgestufter Abzug	4800 für nicht schulpflichtige Kinder; 6800 für jedes in Ausbildung stehende Kind; höchstens weitere 13 000 für Ausbildungskosten für jedes in Ausbildung stehende Kind, soweit sie der Steuerpflichtige selbst trägt und sie 2000 übersteigen
SH	6000	
SO	6000	
SZ	7500	Für jedes minderjährige Kind; 9500 für jedes volljährige Kind in Ausbildung
TG	7000	Erhöhung für Kinder in Ausbildung: vom 16. bis 19. Altersjahr auf 8000, vom 20. bis 26. Altersjahr auf 10 000
TI	10 900	Zusätzlich bis 13 200 für jedes Kind bis zum 25. Altersjahr, das studiert und keine Stipendien über 1000 pro Jahr erhält
UR	6100	Zusätzlich während Studium oder Lehre 4000 bei auswärtiger Verpflegung und 12 000, wenn das Kind auswärts wohnen muss; Stipendien und Lehrlingslohn sind anzurechnen.

Kinderabzüge

	Abzug je Kind	Bemerkungen
VD	Besteuerung nach Konsumeinheiten (siehe Seite 225)	Quotient von 0,5 je Kind, das sich in der Berufslehre befindet oder studiert und für das der Steuerpflichtige aufkommen muss
VS	Abgestufter Abzug	4260 für jedes Kind unter 6 Jahren; 5330 für jedes Kind zwischen 6 und 16 Jahren; 6400 für jedes in Ausbildung stehende Kind ab 16 Jahren
ZG	8300	Für jedes minderjährige oder in Lehre oder Studium stehende Kind
ZH	6800	Für jedes minderjährige oder in Ausbildung stehende Kind bis Alter 25

Quelle: Angaben der Steuerämter, TaxWare by Five Informatik

Besteuerung von Kapitalauszahlungen der 2. Säule und der Säule 3a

Die so ermittelte Steuer wird in der Regel mit den Steuerfüssen für Kanton, Gemeinde und Kirchgemeinde multipliziert. Beispiele von Steuerbelastungen bei unterschiedlichen Auszahlungen finden Sie auf Seite 194.

		Maximale Steuerbelastung
Bund	1/5 des Einkommensteuertarifs	2,3%
AG	2/5 des Einkommenssteuertarifs	10,5%
AI	1/3 des Einkommenssteuertarifs, min. 0,5%	5,0%
AR	Sondertarif, 0,75% bis 1% (verheiratet) bzw. 1% bis 1,33% (übrige)	7,8%
BE	Sondertarif, 0,8 bis 2,5%	11,9%
BL	Rentensatz[1], min. 2%	31,1%
BS	Sondertarif von 3% bis 8%	8,0%
FR	Sondertarif von 2% bis 6%	11,2%
GE	1/5 des Einkommenssteuertarifs	7,3%
GL	Zum Satz, der anwendbar wäre, wenn anstelle der Kapitalauszahlung eine jährliche Zahlung von 1/20 der Kapitalleistung ausgerichtet würde; mind. 5%	24,5%

Besteuerung von Kapitalauszahlungen der 2. Säule und der Säule 3a

		Maximale Steuer-belastung
GR	Zum Satz, der anwendbar wäre, wenn anstelle der Kapitalauszahlung eine jährliche Zahlung von $1/15$ der Kapitalleistung ausgerichtet würde; Verheiratete min. 1,5% und max. 2,6%; andere min. 2% und max. 4%	5,3%
JU	Sondertarif, 0,9% bis 1,3% (verheiratet) bzw. 1,1% bis 1,7% (übrige)	6,5%
LU	$1/3$ des Einkommenssteuertarifs, min. 0,5%	6,9%
NE	$1/4$ des Einkommenssteuertarifs, min. 2,5%	7,4%
NW	$2/5$ des Einkommenssteuertarifs, min. 0,8%	6,4%
OW	$2/5$ des Einkommenssteuertarifs	5,4%
SG	Sondertarif, 1,5% bis 4% (verheiratet) bzw. 1,7% bis 4% (übrige)	11,2%
SH	$1/5$ des Einkommenssteuertarifs	4,4%
SO	$1/4$ des Einkommenssteuertarifs	6,3%
SZ	Zum Satz, der anwendbar wäre, wenn anstelle der Kapitalauszahlung eine jährliche Zahlung von $1/25$ der Kapitalleistung ausgerichtet würde; max. 2%	7,4%
TG	Fester Satz, Verheiratete 2%, Ledige 2,4%	5,9%
TI	Rentensatz[1], min. 2%	29,3%
UR	Sondertarif, 3% bis 5%	5,0%
VD	$1/3$ des Einkommenssteuertarifs	12,1%
VS	Rentensatz[1], min. 2%	8,3%
ZG	30% bis 40% des Einkommenssteuertarifs, min. 1%	4,9%
ZH	Zum Satz, der anwendbar wäre, wenn anstelle der Kapitalauszahlung eine jährliche Zahlung von $1/10$ der Kapitalleistung ausgerichtet würde; min. 2%	29,5%

[1] Der Rentensatz ist der Satz, der anwendbar wäre, wenn anstelle der Kapitalleistung eine jährliche Rente ausgerichtet würde.

Quelle: TaxWare by Five Informatik

Nützliche Adressen und Links

Kantonale Steuerämter

Aargau

Steueramt des Kantons Aargau
Telli-Hochhaus
5004 Aarau
Tel. 062 835 25 30
www.ag.ch/steueramt

Appenzell Innerrhoden

Kantonale Steuerverwaltung
Appenzell Innerrhoden
Marktgasse 2
9050 Appenzell
Tel. 071 788 94 01
www.steuern.ai.ch

Appenzell Ausserrhoden

Kantonale Steuerverwaltung
Gutenberg-Zentrum
9102 Herisau
Tel. 071 353 62 90
www.ar.ch/steuern

Basellandschaft

Steuerverwaltung des Kantons
Basellandschaft
Rheinstrasse 33
4410 Liestal
Tel. 061 552 51 20
www.steuern.bl.ch

Basel-Stadt

Steuerverwaltung des Kantons
Basel-Stadt
Fischmarkt 10
4001 Basel
Tel. 061 267 46 46
www.steuern.bs.ch

Bern

Verschiedene Dienstleistungszentren
für die Regionen
Bern Stadt (Bern)
Mittelland (Bern)
Emmental-Oberaargau (Burgdorf)
Jura bernois (Moutier)
Seeland (Biel)
Oberland (Thun)
Tel. 0848 844 411
www.fin.be.ch (→ Steuerverwaltung)

Freiburg

Kantonale Steuerverwaltung
Rue Joseph-Piller 13
1700 Fribourg
Tel. 026 305 33 12
www.fr.ch/SCC/de

Genf

Administration fiscale cantonale (AFC)
Hôtel des finances
26, rue du Stand
1211 Genève 3
Tel. 022 327 70 00
www.geneve.ch/df/impots

Glarus
Steuerverwaltung des Kantons Glarus
Hauptstrasse 11/17
8750 Glarus
Tel. 055 646 61 50
www.gl.ch/steuern

Graubünden
**Kantonale Steuerverwaltung
Graubünden**
Steinbruchstrasse 18/20
7000 Chur
Tel. 081 257 33 32
www.stv.gr.ch

Jura
Service des contributions
2, rue de la Justice
2800 Delémont
Tel. 032 420 55 30
www.jura.ch (→ Impôts et finances)

Luzern
Steuerverwaltung des Kantons Luzern
Buobenmatt 1
6002 Luzern
Tel. 041 228 56 43
www.steuernluzern.ch

Neuenburg
Service cantonal des contributions
Rue du Docteur-Coullery 5
2300 La Chaux-de-Fonds
Tel. 032 889 64 20
www.ne.ch/impots

Nidwalden
Steueramt
Postgebäude
Bahnhofplatz 3
6371 Stans
Tel. 041 618 71 27
www.steuern.nw.ch

Obwalden
Kantonale Steuerverwaltung
St. Antonistrasse 4
6061 Sarnen
Tel. 041 666 62 94
www.ow.ch/steuern

St. Gallen
Kantonales Steueramt St. Gallen
Davidstrasse 41
9001 St. Gallen
Tel. 071 229 41 21
www.steuern.sg.ch

Schaffhausen
Kantonale Steuerverwaltung
Mühlentalstrasse 105
8200 Schaffhausen
Tel. 052 632 72 15
www.steuern.sh.ch

Solothurn
Steueramt Kanton Solothurn
Schanzmühle
Werkhofstrasse 29c
4509 Solothurn
Tel. 032 627 87 87
www.steueramt.so.ch

Schwyz
Kantonale Steuerverwaltung
Bahnhofstrasse 15
6431 Schwyz
Tel. 041 819 23 45
www.sz.ch/steuern

Thurgau
Steuerverwaltung des Kantons
Thurgau
Schlossmühlestrasse 15
8510 Frauenfeld
Tel. 052 724 14 02
www.tg.ch/steuern

Tessin
Divisione delle contribuzioni
Viale S. Franscini 6
6501 Bellinzona
Tel. 091 814 39 58
www.ti.ch/DFE/DC/

Uri
Amt für Steuern
Haus Winterberg
6460 Altdorf
Tel. 041 875 21 17
www.ur.ch/steuern

Waadt
Administration cantonale des impôts
Rte de Berne 46
1014 Lausanne
Tel. 021 316 00 00
www.aci.vd.ch

Wallis
Kantonale Steuerverwaltung
Bahnhofstrasse 35
Gebäude Planta 577
1951 Sitten
Tel. 027 606 24 50
www.vs.ch/steuern

Zug
Kantonale Steuerverwaltung Zug
Bahnhofstrasse 26
6301 Zug
Tel. 041 728 26 11
www.zug.ch/tax

Zürich
Kantonales Steueramt Zürich
Bändliweg 21
8090 Zürich
Tel. 043 259 40 50
www.steueramt.zh.ch

Verbände und Organisationen

Die meisten Berufsverbände bieten
entweder selbst Steuerberatung an
oder können Steuerberater vermitteln.

HEV Hauseigentümerverband Schweiz
Mühlebachstrasse 70
8008 Zürich
Tel. 044 254 90 20
www.hev-schweiz.ch
Bietet Steuerberatung an oder
vermittelt Fachpersonen

**Schweizerischer Treuhänder-
Verband STV**
Schwarztorstrasse 26
3001 Bern
Tel. 031 382 10 85
www.stv-usf.ch
Der STV vertritt die Interessen
der Branche nach aussen.

Swissconsultants.ch
Eisenbahnstrasse 11
4901 Langenthal
Tel. 062 916 50 00
www.swissconsultants.ch
Zusammenschluss von rund
20 Treuhand- und Revisionsfirmen,
die auch Steuerberatung anbieten

Treuhandkammer
Limmatquai 120
8021 Zürich
Tel. 044 267 75 75
www.treuhand-kammer.ch
Fachverband der Wirtschaftsprüfer,
Steuer- und Treuhandexperten

Steuer-Links

www.beobachter.ch
Auf der Site des Beobachters finden
sich verschiedene Artikel und Links zum
Thema Steuern.

www.efd.admin.ch
Site des Eidgenössischen Finanz-
departementes; enthält alle erdenklichen
Informationen zu Steuern von Bund,
Kantonen und Gemeinden; leider sehr
unübersichtlich

www.estv.admin.ch
Site der Informationsstelle für Steuerfragen des Bundes, auf der umfang-
reiche Dokumentationen zum Thema
heruntergeladen werden können

www.gesetze.ch
Gesetzessammlung auf dem WWW

www.isr.unibe.ch
Site des Instituts für Steuerrecht
der Universität Bern mit vielen Fach-
informationen

www.steuerkonferenz.ch
Site der Schweizerischen Steuer-
konferenz, der Vereinigung schweizerischer Steuerbehörden

www.steuerrevue.ch
Site der Zeitschrift «Steuerrevue»,
mit vielen Informationen zum Thema

www.swiss-tax.ch
Private Site mit Informationen
zum schweizerischen Steuerrecht,
mit Linkliste

www.taxware.ch
Software für Steuerberechnung und
Steuerplanung

So lesen Sie die Steuerrechnung

STAATS- und GEMEINDESTEUERN
Bezugsjahr 20xx

Herr und Frau
Max und Monika Muster
Musterstrasse 1
8610 Uster

1 **provisorische Rechnung**
aufgrund der letzten Einschätzung oder Steuererklärung

ersetzt Rechnung von
Rechnungsdatum: 27.5.20xx **2**

Register-Nr.	Schulgemeinde Uster	Steuerpflichtige Periode 1.Januar 20xx bis 31. Dezember 20xx
Anwendbarer Tarif **3** Verheiratetentarif		Kirchensteuer ganze kath. Kirchensteuer

Berechnungsgrundlagen

Objekt	Faktoren steuerbar		satzbestimmend	Satz EK % / VM ‰	Dauer von	bis	Tage	Einfache Staatssteuer
Einkommen	**4**	80'000	**5** 80'000	**6** 4,663	1.1.20xx	1.1.20xx	360	**6** 3730.00
Vermögen		50'000	50'000		1.1.20xx	1.1.20xx	360	
Total Einfache Steuer								

Zur Beachtung:

Gegen provisorische Rechnungen kann kein Rechtsmittel erhoben werden, erst gegen die Schlussabrechnung.

Das Gemeindesteueramt steht Ihnen gerne für Beantwortung allfälliger Fragen im Zusammenhang mit der vorliegenden Rechnung zur Verfügung.

Steuerberechnung

Total einf. Staatssteuer	Fr.	3730.00

Einfache Staatssteuer (Netto)	Fr.	3730.00

Steuerart	Steuerfuss	Betrag Fr.
Staat	105	**7** 3916.50
politische Gemeinde	117	4364.10
Personalsteuer 360 Tage	13	484.90
Katholische Kirchgemeinde		

Geschuldete Steuern		8765.50

Abrechnung

Geschuldete Steuer	**8**	8765.50
Verrechnungssteuer		-89.30

Nettosteuerschuld		8676.20

zu bezahlender Betrag	**9**	8676.20

1 Art der Rechnung: wichtig für einen Rekurs, siehe Anmerkung «Zur Beachtung»

2 Das **Datum** ist wichtig für einen Rekurs, denn ab hier läuft die Frist von 30 Tagen.

3 Tarif für Alleinstehende oder Verheiratete

4 Faktoren: das steuerbare Einkommen bzw. Vermögen in Franken

5 Satzbestimmend: In bestimmten Fällen wird das Einkommen bzw. Vermögen nicht zum normalen Satz besteuert. Zum Beispiel wenn Liegenschaftseinkünfte aus anderen Kantonen oder aus dem Ausland hinzukommen, wenn jemand während des Jahres aus dem Ausland zugezogen ist (dann wird das Einkommen zum Steuersatz des entsprechenden Jahreseinkommens berechnet) oder wenn reduzierte Sätze angewendet werden, etwa für Kapitalabfindungen.

6 **Satz:** der eigentliche Steuersatz; so viel Prozent des Einkommens bzw. Vermögens beträgt die einfache Staatssteuer. In diesem Beispiel ist das Vermögen steuerfrei.

7 **Steuerart:** Hier sind die Beträge für die einzelnen Steuerarten aufgelistet; zur

Berechnung siehe Beispiel in Kapitel 2 (Seite 58). Unter «Geschuldete Steuern» wird dann die Gesamtsumme aufgeführt.

8 Die **Nettosteuerschuld** setzt sich zusammen aus dem geschuldeten Steuerbetrag, verrechnet mit allfällig bereits geleisteten Zahlungen oder mit der Verrechnungssteuer, die man zugut hat. Anderseits werden hier Verzugszinsen von früheren (zu spät bezahlten) Rechnungen addiert.

9 Effektiv zu bezahlender Betrag

Grafiken und Tabellen

Woher der Staat das Geld bekommt ... 15
Bund, Kantone, Gemeinden:
Wer kassiert was ein? 17
Die Steuerbelastung im internationalen Vergleich 18
Wofür der Staat das Geld ausgibt 20
Einkommenssteuer in den Kantonen ... 22
Flat Rate Tax und progressive Steuer ... 25
Die direkte Bundessteuer 57
Zeitplan der kantonalen Steuerveranlagung 59
Pauschalbeträge für allgemeine Berufsauslagen 81
Abzüge für AHV-Rentner, invalide und arbeitsunfähige Steuerpflichtige........ 95
Was wird wo besteuert? (Gesellschaftsformen) 113

Das Splitting in den Kantonen 120
Unternutzungsabzug beim Bund und in den Kantonen 144
Pauschalabzüge für Unterhaltskosten 151
Die wichtigsten Anlageformen 174
Das Vorsorgesystem im Überblick..... 183
Steuern auf Kapitalzahlungen aus Vorsorge 194
Erbschaftssteuern in den Kantonen 208
Erbschaftssteuer für ein Erbe von 500 000 Franken 211
Persönliche Abzüge 223
Kinderabzüge............. 226
Besteuerung von Kapitalauszahlungen der 2. Säule und der Säule 3a 228

Stichwortverzeichnis

A

Abschreibung........................... 107, 155
Abzüge................................... 48, 78
– allgemeine............................ 78, 86
– für Selbständigerwerbende........ 106
– für Verheiratete...................... 122
– Kinderabzüge...................... 126, 226
– Krankheitskosten.................... 88, 96
– persönliche........................... 89, 223
– Sozialabzüge........ 78, 89, 126, 221, 223
– Unterhaltskosten
  für Eigenheim......................... 146
AG................................... 110, 113
AHV..................... 47, 50, 91, 94,
                          105, 156, 182, 184
– AHV-Rentner......................... 91, 94
– Selbständigerwerbende............ 105
Aktien............... 169, 171, 178, 196
– Mitarbeiteraktien.................. 176
Alimente............................. 47, 127
Amortisation...................... 154, 192
Arbeitnehmer.................. 60, 62, 77
Arbeitslose......................... 80, 126
Arbeitsraum zu Hause................ 80
Arbeitsunfähige Personen......... 91, 94
Auswärtige Verpflegung............ 82

B

Bankgeheimnis......................... 74
Bankkonto...................... 47, 54, 169
Baukredit........................... 86, 139
Beilagen........................... 53, 110
Belege............... 37, 43, 48, 80, 93
Bemessungsperiode.............. 59, 218
Berufsauslagen................ 48, 54, 80

Besteuerung nach Aufwand......... 28
Bewertung von Grundstücken........ 163
Buchhaltung.............. 52, 101, 104
Bundessteuer siehe
  direkte Bundessteuer

D

Darlehen........................... 52, 56
Degressive Besteuerung............ 23
Delikte............................... 72
Direkte Bundessteuer....... 26, 48, 56, 218
Direkte Steuer............. 14, 17, 26, 218
Doppelverdiener siehe Zweiverdiener
Doppelbesteuerung......... 112, 115, 218
Dritte Säule.... 49, 51, 53, 62, 87, 106, 135,
                    183, 188, 195, 196, 215, 228
Dumont-Praxis...................... 146

E

Ehepaare................. 89, 90, 118, 122, 208
Ehetrennung......................... 123
Eigenheim
  (siehe auch Liegenschaft)........ 56, 129
– Bau und Steuern.................. 138
– Erbschaftssteuer.................. 163, 210
– Finanzierung mit Vorsorgegeld 135
– Verkauf........................... 130
Eigenmietwert............. 56, 141, 144, 218
– Abschaffung...................... 142
– Unternutzungsabzug............ 143
Einfache Staatssteuer............. 56, 218
Eingetragene Partnerschaft............ 118
Einkauf (zweite Säule)............ 187
Einkommen......................... 46
– steuerbares...................... 50, 221

Einkommenssteuer 27, 218
Einkünfte siehe Einkommen
Einmaleinlageversicherung 197
Einnahmenstruktur des Staates 15
Einschätzung 66, 103, 218
Einsprache 68
Einspracheentscheid 68
Einzelfirma 110, 113
Elektronische Steuererklärung 37
Energiesparmassnahme 148
Erbschaft 51, 161, 203
Erbschaftssteuer 161, 203, 219
– Liegenschaften 101, 210
– Reduktion 210
Erbvorbezug............................ 158, 207
Ermessenseinschätzung................... 219
Ersatzanschaffung 159
Ertragswert 219

F
Fahrtkosten 48, 82
Familien 117
Ferienhaus, Ferienwohnung 163, 165
Fiskalquote 18
Flat Rate Tax 24
Formulare 37, 43, 53
Fristen.. 66, 69

G
Gebundene Selbstvorsorge
siehe Säule 3a
Gegenwartsbesteuerung............. 59, 219
Geldanlage 167, 174, 177
Gemeindesteuer.................... 16, 58, 219
Gemeinnützige Organisation 50, 88
Gesamtsteuersatz 176, 219
Geschäftsaufgabe.............. 107, 114, 156
Geschäftsliegenschaft 109, 155
Geschäftsunkosten 106

Gewinnsteuer................................ 27, 219
GmbH 110, 113
Grenzsteuersatz 176, 219
Grundstückgewinnsteuer 27, 131,
157, 219
– Abzug für Besitzesdauer............... 131
– bevorzugt behandelte
Handänderung 157
– Ersatzanschaffung 159
– Steueraufschub............................. 157
Güterstand...................................... 124

H
Haftung... 123
Handänderung
von Liegenschaften 130, 157
– Befreiung von Grundstück-
gewinnsteuer................................ 157
Handänderungssteuer 130
Handelsregistereintrag.................... 100
Hausbau... 138
Hausrat... 52
Hausverkauf 130, 156
Heimkosten.. 96
Heirat 122
Hilfe bei der Steuererklärung............. 40
Hilfsblatt siehe Formulare
Hypotheken 49, 52, 154

I / J
Indirekte Amortisation 154
Indirekte Steuer..................... 14, 29, 219
Individualbesteuerung..................... 121
Internet 37
Invalide Personen 91, 95
IV 50
Jahresprämienversicherung 197
Jugendliche 125
Juristische Personen 27, 219

K

Kaderleute 91, 188
Kapitalabfindung 48
Kapitalauszahlung 53, 186, 190, 223
Kapitalertrag 171, 172
Kapitalgesellschaft 111, 115
Kapitalgewinn 171, 219
Kapitalleistung aus Vorsorge 53, 186,
                                        190, 228
Kapitalleistung
    der Unfallversicherung 94
Kapitalsteuer 27, 220
Kinder 125
Kinderabzug 126, 226
Kinderbetreuung 90
Kirchensteuer 17, 18, 58, 62, 220
Kleinkredit 52, 71
Konkubinatspaare 63, 118, 196,
                                        208, 214
Krankheitskosten 88, 96
Kursgewinne 178

L

Landwirtschaftsbetriebe 52
Lebensversicherung 51, 63, 197, 214
Lehrlinge 125
Leibrentenversicherung 198
Lenkungsabgaben 32
Liegenschaft 52, 129, 210
– Baufragen 138
– Erbschaftssteuer 206, 210
– Finanzierung 135, 138
– im Geschäftsvermögen 109
– Verkauf 130
– Verluste 152
Liegenschaftenverzeichnis 56
Liegenschaftssteuer 130
Lohnabhängige siehe Arbeitnehmer
Lohnausweis 53
Lotteriegewinn 47, 50, 55

M

Mehrwertsteuer 16, 29, 139, 220
Mieterträge 144
Mitarbeiteraktien 176
Motorfahrzeuge 51

N

Nachlasssteuer 206
Nachsteuern 66, 71
Naturallohn 47
Natürliche Personen 27, 220
Nebenerwerb 46, 84
Nettolohn 46
Nutzniessung 220

O

Obligationen 169, 172
Optionen 175

P

Paare 117
Partnerschaft, eingetragene 118
Pauschalabzug Berufsauslagen 80, 81
Pauschalabzug
    Liegenschaftsunterhalt 149, 151
Pensionskasse 47, 50, 87, 135,
                                        183, 184, 185
– Einkauf 187
– Guthaben 135, 185
Personalsteuer 28, 58, 94, 97
Personengesellschaft 111, 114, 116
Persönliche Abzüge 89, 223
Pfandrechtssteuer 133
Politische Parteien, Spenden 50, 88
Progression 27, 138, 153, 176,
                                        188, 190, 212, 220

Q

Quellensteuer 28, 50, 179, 220

R

Rechtsform 110

Rechtsmittel 68, 220

Reineinkommen 220

Reinvermögen 220

Rekurs 68, 220

Rendite 170

Renovation 146, 152

Rente

– AHV 47, 94

– Leibrente 198

– Pensionskasse 47, 186

Rentenleistung 49

Revision 68

Rückkaufswert 51, 200, 220

S

Sachleistung siehe Spesen

Säule 3a 68, 87, 138, 154, 178,
185, 188, 195, 215, 228

Säule 3b 51, 188, 196, 215

Schenkung 56, 63, 158, 161, 207

Schenkungssteuer 206, 220

Schulden 52, 154, 163, 207

Schuldenverzeichnis 52, 56

Schuldzinsen 49, 86, 129, 141, 155

Selbständigerwerbende 46, 49, 52,
99, 156, 185, 189

Skonto 70

Sozialabzüge 78, 89, 91, 126, 221, 223

Sozialversicherung (siehe auch AHV,
Pensionskasse) 47

Spenden 44, 88

Spesen 83, 92

Splitting 90, 119

Staatsausgaben 19

Staatssteuer 16, 48, 58, 221

Stempelsteuer 170, 221

Steuerämter, kantonale 230

Steuerausscheidung 163, 221

Steuerbelastung 20

Steuerberatung 41, 103, 232

Steuerberechnung (Beispiel) 58

Steuerbetrug 72, 221

Steuereinschätzung siehe Einschätzung

Steuererklärung 35, 43, 59, 109

– Abänderung 67

– per Internet 37

– Selbständigerwerbende 109

– Termin 66

Steuererlass 71

Steuerfreibeträge siehe Sozialabzüge

Steuerfuss 58, 221

Steuerharmonisierung 21, 59, 221

Steuerhinterziehung 72, 207, 221

Steuerhoheit 221

Steuer-Links 233

Steuern, internationaler
Vergleich 18, 31

Steueroptimierung 60, 72, 222

Steuerperiode 59, 152, 222

Steuerpflicht im Todesfall 205

Steuerprogression siehe Progression

Steuerrechnung 67, 234

Steuersatz 57, 222

Steuersystem 15, 20

Steuertarif 222

Steuerumgehung 74, 222

Steuerveranlagung 59, 222

Stipendien 97

Studierende 94, 97

T

Thesaurierende Fonds 174

Trennung siehe Ehetrennung

Treuhänder 41, 103, 154, 173

U

Umzug 62

Unfallkosten 96

Unfallversicherung 94, 184
Unselbständige Tätigkeit
   siehe auch Arbeitnehmer 46
Unterhaltsbeiträge 47, 49
Unterhaltskosten 149
Unternutzungsabzug 143
Unterstützte Personen 49, 90
Unternehmenssteuerreform............. 114

V

Veranlagungsperiode....................... 59
Verbrauchssteuern...................... 29, 30
Verfügung............................ 67
Verkehrswert 50, 163, 222
Verluste................................... 152, 156
Vermögen 50
– Betriebsvermögen......................... 52
– steuerbares.................................. 53
Vermögensanlage siehe Geldanlage
Vermögensertrag...................... 168, 222
Vermögenssteuer.... 16, 27, 154, 200, 222
Vermögensverwaltung 50
Verpflegungskosten 82
Verrechnungssteuer............. 54, 172, 222
Versicherungen.......... 47, 49, 51, 87, 196
Versicherungsprämien 49, 87
Verzugszins 70

W

Wehrpflichtersatz 28
Weiterbildung 84
Werterhaltende
   Unterhaltsarbeiten........................ 147
Wertschriften 51, 54
Wertschriftenertrag............................ 47
Wertschriftenverzeichnis 54
Wertvermehrende
   Unterhaltsarbeiten........................ 147
Wochenaufenthalter..................... 61, 84
Wohnrecht 213, 222

Z

Zahlungsschwierigkeiten.................. 69
Zweite Säule 47, 50, 53, 87, 135,
                                               184, 187
Zweiverdiener......................... 78, 89, 118
Zwillingsinitiative 142